Michel Friedman
Judenhass

Ein Übermaß an Hass ist das Ende der Demokratie
Brandanschläge auf Synagogen. Hetze an Schulen. Ein Mob, der das Existenzrecht Israels verneint: Judenhass, in Deutschland.

Nach dem Terrorangriff der Hamas auf Israel zeigt sich einmal mehr, wie wenig das Versprechen des »Nie wieder« gilt und wie sehr Antisemitismus von verschiedenen Seiten gesellschaftsfähig geworden ist.

Der renommierte Publizist Michel Friedman über das Versagen der Politik, die Ignoranz unserer Gesellschaft und darüber, wie wir verhindern können, dass die Gewalt gegen Jüdinnen und Juden weiter um sich greift. Denn es geht um alles: um unser aller Zukunft, um Freiheit und Demokratie.

Michel Friedman

Judenhass

7. Oktober 2023

BERLIN VERLAG

Mehr über unsere Autorinnen, Autoren und Bücher:
www.berlinverlag.de

Von Michel Friedman liegen im Berlin Verlag vor:
Fremd
Schlaraffenland abgebrannt. Von der Angst vor einer neuen Zeit

ISBN 978-3-8270-1515-0
4. Auflage 2024
© Berlin Verlag in der Piper Verlag GmbH, Berlin/München 2024
Satz auf Grundlage eines CSS-Layouts von
digital publishing competence (München) mit
abavo vlow (Buchloe)
Einbandgestaltung: zero-media.net, München
Autorenfoto: Gaby Gerster
Druck und Bindung: GGP Media GmbH, Pößneck
Printed in Germany

Für B, S & O, die ich von ganzem Herzen liebe.

Inhalt

Wieder

Glückliche Menschen. Menschen am Anfang ihres Lebens, die sich in ihrem Schlaf sicher und geschützt fühlen. Junge Menschen, die tanzend, lachend und sich umarmend den Sonnenaufgang betrachten.

Dann die Pick-ups. Die Maschinengewehre. Die Gleitflieger. Die Bomben. Als die Stunden vergingen und immer mehr Bilder und Informationen öffentlich wurden, wurde mir klar, dass die Botschaft des Massakers vom 7. Oktober 2023 nicht nur das Töten an sich war, sondern das *Wie*. Es sollte erinnern an die Nazis, an die entrechteten jüdischen Menschen, mit denen man alles machen konnte. Verbrannte Menschen. Abgehackte Glieder. Vergewaltigte Frauen. Misshandelte Kinder. Tote Babys.[1]

In den sozialen Medien tauchten die Bilder fast zeitgleich auf. Millionen Menschen sehen diese Bilder. Entsetzt? Fasziniert? Angewidert? Lustvoll? Man sieht sie, die bestialisch Ermordeten, die Wehrlosen, die Leichen. Terror tötet Unschuldige. Immer. Terror ist feige. Terroristen sind entweder von Hass getrieben oder nicht einmal mehr von Hass, sondern von Gleichgültigkeit: »Ihr seid keine Menschen. Ihr seid es nicht einmal wert, getötet zu werden. Ihr seid es nur wert, vernichtet zu werden. Weil ihr Juden seid.« Juden sind keine Menschen. Das ist die Botschaft.

Ich denke an meine Familie, die die Shoah, das »Dritte Reich«, die deutsche Mordmaschinerie erlebt und nicht überlebt hat. Alle wurden ermordet, außer meiner Mutter, meinem Vater, meiner Großmutter. Auch die Nazis hatten die Menschen jüdischen Glaubens entmenschlicht. Sie nannten sie Ratten und Ungeziefer. In den Konzentrationslagern nahmen sie ihnen die Namen, ritzten ihnen Nummern in die Arme. Sie vergasten sie, verbrannten sie, entledigten sich ihrer Körper. Ohne Mitgefühl. Ohne irgendein Gefühl: »Die, die wir töteten, waren Juden«, sagten sie. »Ein Mensch, der Jude ist, ist vor allem Jude und weniger ein Mensch.«

Möglich, dass sie deswegen nach 1945 weiterleben konnten. Dass sie sich selbst nur deswegen ertragen konnten, bis zu ihrem eigenen Tod. Dass sie – sie hatten ja keine Menschen getötet! – kein schlechtes Gewissen hatten. Vielleicht: gar keins. Dass der Angriff der Hamas mit genau dieser Botschaft in Israel möglich wurde, war, ist und bleibt für lange Zeit ein furchtbares Trauma. Wieder hieß die Botschaft: »Ihr Juden seid nirgends auf der Welt sicher; weil ihr *nichts* seid; weil ihr *niemand* seid; weil alle euch hassen; weil ihr immer und ewig die Anderen bleiben werdet; weil wir euch selbst in eurem Staat, der euch Sicherheit und Schutz garantieren soll, ermorden. Ihr, die ihr an allem Elend der Welt schuld seid, werdet nicht überleben.«

Die Mörder nahmen Geiseln mit. Verschleppten mehr als zweihundert Menschen – Kinder, Frauen, Babys, Ältere. Und verschwanden in ihrer Stadt unter der Stadt Gaza.

»Wie fühlen Sie sich?«, werde ich seitdem gefragt. In letzter Zeit frage ich zurück: »Und wie fühlen *Sie* sich?« Oft werde ich erstaunt angeschaut. Manchmal antwortet man mir: »Na ja. Den Umständen entsprechend.« Andere sagen: »Ich kann ja nicht fühlen wie Sie, aber es tut mir für Sie leid.« Meine Antwort: »Warum können Sie nicht so fühlen wie ich? Es sind doch Menschen brutal ermordet worden. Von Terroristen. In diesem Fall waren es jüdische Menschen. Judenhass ist Menschenhass. Sie sind doch Mensch, oder? Warum können Sie sich nicht identifizieren? Einfühlen? Empathie haben? Können Sie es wirklich nicht? Weil es jüdische Menschen waren und Sie kein jüdischer Mensch sind? Aber darum geht es doch gar nicht. Wir sind doch alle Menschen. Reicht das nicht aus?«

Für Juden, die die Shoah, die brutalste, entmenschlichende, entwürdigendste Ermordung jüdischer Menschen erleben mussten, selbst als Kinder der Holocaust-Überlebenden erleben mussten, entsteht neben der tiefen Trauer ein Gefühl der Schutzlosigkeit. Und damit wieder einmal ein neues, ein elementares Bedürfnis nach Sicherheit. Dieses Massaker verändert das jüdische Leben, das jüdische Selbstverständnis für lange Zeit. Es ist ein tiefer Einschnitt.

Nicht dass mich das alles überrascht hätte. Wer wie ich sein Leben lang mit Judenhass konfrontiert ist, wer einmal verinnerlicht hat, dass die Shoah kein Betriebsunfall war, dass sie nicht möglich gewesen wäre ohne die Kette von Millionen Mitwissern, Mittätern, Mitdenkern, Mithenkern, der weiß, wie tief der Antisemitismus in unseren Gesellschaften verwurzelt war und ist. Überrascht? Nein. Bis zur Verzweiflung hat mich allerdings das laute Schweigen enttäuscht.

Seit dem 7. Oktober 2023 ist das »wieder« zurück. Auch in Deutschland. Wieder hat ein »rasender Judenhass zugeschlagen, wie wir ihn seit dem Holocaust nicht mehr gesehen haben«. So hat es Charlotte Knobloch formuliert, die Präsidentin der Israelitischen Kultusgemeinde München und Oberbayern (IKG). »Wieder ist infolge dieses Pogroms Judenhass mit einer Wucht und Gewaltbereitschaft auch in unsere Gesellschaft und auf unsere Straßen zurückgekehrt und hat jüdischen Menschen in diesem Land eben jenes Gefühl genommen, selbstverständlich dazuzugehören.«[2]

Charlotte Knobloch hat leider recht. Jüdisches Leben ist keine Selbstverständlichkeit, noch immer nicht. (War sie je eine?) Es gibt dieses Wir – wir sind alle Deutsche, auch Juden – immer noch nicht. Die Illusion, dass wir uns dem annähern könnten, die sich in den letzten zwanzig Jahren vor allem in der jüngeren jüdischen Gemeinschaft ausgebreitet hat, ist zerbrochen. Diese jungen Menschen erleben Judenhass in einer Alltäglichkeit, in einer Brutalität, wie es sie schon lange nicht mehr gegeben hat.

Neben dem gefährlichsten und seit jeher existierenden rechtsextremen Antisemitismus haben vor allem der israelbezogene Antisemitismus und der radikale muslimische Judenhass deutlich zugenommen. Der türkische Staatspräsident Erdogan hetzt in Deutschland Menschen mit türkischen Wurzeln gnadenlos gegen Juden und Israel auf. Nicht wenige eingewanderte Menschen aus den arabischen Ländern kannten nichts anderes als den Hass auf Israel und die Juden. Der radikale Linksextremismus solidarisiert sich damit. Linksextremisten glauben, über den Nahen Osten und über den Staat Israel endlich ihre Themen wie Kapitalismus, Imperialismus, Kolonialismus in die Öffentlichkeit tragen zu können. Dass sie Israel zum großen Sündenbock für all diese von ihnen angeprangerten Missstände erkoren haben, spricht für sich. Dass sie ausgerechnet in Deutschland versuchen, den Satz *Free Palestine from the river to the sea*, was nichts anderes bedeutet als die totale Vernichtung des Staates und seiner Bewohner, mit dem Wunsch *Free Palestine from German guilt* zu ergänzen, zeigt die Schnittmenge aller extremistischen Antisemiten.

Damit wird unterstellt, dass Deutschland eine ganz andere Politik machen würde, wenn es sich von seiner Schuld an der Shoah befreien könnte. Diese perfide Kausalität zeigt, dass Linke wie Rechte es nicht ertragen, dass es eine reale Geschichte gibt, die auch ihre eigene ist: dass es ihre Vorfahren waren, die den schlimmsten Zivilisationsbruch aller Zeiten begangen haben. Das alles führt dazu, dass nach dem Überfall der Hamas die erwartete Empathie mit Jüdinnen und Juden in der Mehrheitsgesellschaft nicht sichtbar geworden ist. Ja: Es gibt solidarische Gesten. Sie sind die Ausnahme, nicht die Regel.

Der Hass, der nie weg war, ist in den letzten Wochen noch sichtbarer geworden. Die Mitte-Studie und die Sinus-Studie haben bewiesen, dass gut 20 Prozent der Deutschen ein antisemitischen Aussagen zustimmen.[3] Bei den Corona-Protesten haben sich Demonstrantinnen und Demonstranten einen Judenstern angesteckt, auf dem statt »Jude« »ungeimpft« stand. Wie gerne wären sie Opfer, aber sie werden mit diesen Stickern wieder zu Tätern. Kann man das noch eine Relativierung der Shoah nennen? Oder Zynismus? Der Judenhass ist zurück auf der Straße. Laut. Brutal. In Deutschland.[4]

Versprochen. Gebrochen.

Der Antisemitismus ist keine deutsche Erfindung. Aber Auschwitz ist eine deutsche Erfindung. Eine Monstrosität der Unmenschlichkeit, für die dieses Land und seine Bürgerinnen und Bürger Verantwortung übernommen haben. Eigentlich. Die Gründung der Bundesrepublik Deutschland war das Versprechen, diese Verantwortung so zu gestalten, dass niemals mehr Jüdinnen und Juden in diesem Land markiert und bedroht sein werden.

Mit der Gründung der Bundesrepublik Deutschland blieb der Judenhass in der Gesellschaft bestehen. Er wurde verharmlost, hinter dicken Gardinen versteckt, als Kavaliersdelikte Jugendlicher abgetan. Er galt immer als Einzelfall. Der Hass wurde nie wirklich und nie strukturell bekämpft. Wie denn auch. Von wem denn auch? Von den Original-Nationalsozialisten, die über Nacht Demokraten geworden sein sollen?

Es gab zwar immer wieder Menschen, die versucht haben, aufzudecken, zu problematisieren, zu skandalisieren, aber die Strukturen der Macht haben sie sehr effektiv verschlungen. Erst im Jahr 2021 sagt der Bundesverfassungspräsident Thomas Haldenwang: »Der Rechtsextremismus ist die größte Bedrohung für die Demokratie.«[5] Dabei gibt es diese Bedrohung seit Gründung der Bundesrepublik Deutschland. Die Geschichte des Rechtsterrorismus verläuft parallel zur Geschichte Deutschlands. Unter den Teppich gekehrt, verdrängt nach dem Motto: Weil nicht sein kann, was nicht sein darf.

Die furchtbar schlechten, die erbärmlichen Begründungen wie »Was soll das Ausland von uns denken« oder »Wir dürfen die Bevölkerung nicht verschrecken« sind so peinlich, dass man sie nicht einmal kommentieren sollte. Jeder wusste Bescheid. Bis an die Spitze des Staates. Alle hatten ein stillschweigendes Einverständnis, hin und wieder darauf zu reagieren, aber grundsätzlich so zu tun, als hätte die deutsche Bevölkerung es verstanden: Das Demokratische ist unvereinbar mit der Ideologie des Rechtsextremismus und des Antisemitismus.

Doch das nationalsozialistische, antisemitische und rassistische Denken der NS-Zeit hörte nicht wie durch ein Wunder am 8. Mai 1945 auf. Es hörte nicht mit der Gründung der Bundesrepublik Deutschland auf. Es gab in diesem Land und auch in anderen Ländern keinen Tag ohne Judenhass.

Als Thomas Haldenwang Gast in meiner Gesprächsreihe im Berliner Ensemble war, fragte ich ihn, ob und wie man jetzt noch etwas ändern könne. Er antwortete: Wichtig sei vor allem, dass diejenigen, die Verantwortung tragen, »alles Menschenmögliche tun«, um dieser Entwicklung entgegenzuwirken. Heißt das nicht: Die Verantwortlichen haben bisher *nicht* alles Menschenmögliche getan, sonst wäre es nicht noch schlimmer geworden?

Haldenwang antwortete: »Das mag so sein.«[6]

Seit dem 7. Oktober werden Davidsterne an Wände geschmiert, an Häuser, in denen Juden leben. Wie Anfang der 1930er-Jahre. Flaschen mit brennendem Benzin werden auf Synagogen geschmettert. Es werden jüdische Gräber geschändet.[7]

In Deutschland wurden 3532 Straftaten registriert, die im Zusammenhang mit dem Terrorangriff der Hamas stehen, davon 500 antisemitische Delikte.[8] In den USA stiegen in vier Wochen seit dem 7. Oktober antisemitische Angriffe um 315 Prozent, in Großbritannien um 537 Prozent, in Brasilien um 961 Prozent.[9] Das französische Innenministerium zählte 1159 antisemitische Straftaten. Dreimal so viele wie im ganzen Jahr 2022.[10]

Scheinbar abstrakte Zahlen. Was das konkret bedeutet, erzählt eine Reportage im *The Economist*. Sie erzählt von einem alten Mann in der französischen Stadt Sarcelles, in der zwölftausend Jüdinnen und Juden leben. Ein alter Mann, der so viel Angst hat, dass er seine Kippa jetzt lieber unter einer Wollmütze versteckt.[11] Damit ist er nicht allein. Viele Juden und Jüdinnen stellen sich die Frage, ob sie erkennbar in der Öffentlichkeit noch sicher sind. Viele haben Angst um ihre Kinder. Der Alltag ist beschwert, verstört, voller Sorgen.

Die Angriffe kommen von Rechtsextremen, von Linksextremen, von muslimischen Antisemiten. Sorgen bereiten mir immer noch vor allem die Rechtsextremen. Diese Gruppe wächst rasant. Sie ist finanziell gut ausgestattet, sie wird auf vielen Ebenen offenbar auch aus Russland und China unterstützt und sucht die Nähe zu autoritären Regimen.[12] Wie gesagt: Mittlerweile bekennen sich bundesweit 20 Prozent der Menschen zu ihren antisemitischen Ressentiments. Aber dann müssten doch immer noch 80 Prozent der Menschen anders denken. Wie kann es sein, dass diese 80 Prozent so viel leiser sind als die 20 Prozent?[13]

Vielleicht, weil es den meisten von ihnen egal ist? Weil ihre Gleichgültigkeit stärker ist als der Reflex, »Stopp« zu schreien? Vielleicht ist ihnen die Empathie abhandengekommen. Vielleicht nehmen sie das Grundgesetz, die De-

16

mokratie, den wunderbaren Satz »Die Würde des Menschen ist unantastbar« nicht mehr ernst genug. Und vergessen dabei, dass auch sie Menschen sind und dass auch ihre Würde zur Disposition steht. Heißt nicht »Tod den Juden« auch »Tod der Demokratie«?

Wo seid ihr?

In der Woche nach dem 7. Oktober 2023 bemerkt die jüdische Gemeinschaft: Etwas ist anders als sonst in Deutschland. Eine tiefe Enttäuschung. Ein Gefühl der Einsamkeit, des Alleingelassenseins macht sich breit. Das Schweigen der vielen, der Mehrheit der Gesellschaft, klingt in jüdischen Ohren laut, es macht Angst: »Wo seid ihr? Warum tut ihr nichts?« Hier geht es nicht mehr in erster Linie um den Nahen Osten. Was hier in Deutschland passiert, entzieht sich den üblichen Debatten über Israelis und Palästinenser. Es geht um ein Deutschland, in dem Tausende auf der Straße rufen: »Tod den Juden!« Es geht um Brandsätze, die nicht (wie bei »Israelkritik« zu erwarten) die israelische Botschaft treffen, sondern Synagogen oder das Jüdische Krankenhaus in Berlin, das mit Steinen beworfen wird. Warum? Warum Synagogen?

Es geht um uns. Über 200 000 Juden und Jüdinnen, die hier leben. Die sich diesem Land und dieser Gesellschaft anvertraut haben. Es geht darum, dass Menschen in Deutschland *From the river to the sea* skandieren und damit die Fantasie der Vernichtung des Staates Israel und aller seiner Bewohner herausbrüllen. Sie rufen nicht »Tod den Israelis«. Sie rufen: »Tod den Juden! «

Heißt das: Auch ich soll sterben? Aber warum soll ich sterben? Was habe ich getan, dass ich sterben soll? Ich will leben, wie jeder andere Mensch auch! Ich will morgens

aufstehen, mir die Zähne putzen und duschen, mich anzie-
hen, meine Frau und meine Kinder küssen, gemeinsam
frühstücken. Ich will, dass jeder von uns jeden Tag in sein
eigenes Leben gehen kann: in die Schule, in die Redaktion,
ins Büro. Ich will arbeiten. Mich mit meinen Freunden treffen. Lachen. Frei sein. Unbeschwert sein. Die Kinder wollen
auf Partys gehen und feiern. Ich will, wir wollen das alles
tun können wie jeder andere Mensch auch! Unbeschwert.
Wie sie. Aber wie kann man unbeschwert sein, wenn man
weiß, dass viele, dass sehr viele Menschen einen hassen
und einem den Tod wünschen? Unbeschwert scheinen die
zu sein, die auf den deutschen Straßen schreiend meinen
Tod fordern.

Es geht aber auch um die, die keine Juden sind. Und es
geht um die Demokratie. Um die Würde des Menschen.
Wer diese verletzt, wie die aggressiven Demonstranten und
Demonstrantinnen den Juden den Tod wünscht, verletzt
die Würde aller Menschen in Deutschland.

Wo sind die spontanen Gegendemonstrationen? Nennen
wir sie nicht einmal Gegendemonstrationen. Nennen wir
sie Kundgebungen der Menschlichkeit. Solidarität mit mir.
Mit den Kindern. Den Erwachsenen. Mit allen Menschen,
die jüdisch sind und bedroht sind und die hier leben. Wo
ist die Empathie? Es kann doch nicht so schwer sein, mit
einem Menschen zu fühlen. Mitzufühlen mit einem Menschen, dem öffentlich Gewalt angedroht wird.

Stellen wir uns vor, Bürger und Bürgerinnen unseres
Landes werden von Bürgern und Bürgerinnen unseres Landes geschützt, umarmt, getröstet und gegen Aggressionen
im eigenen Land umhüllt. Hätte man damit nicht rechnen
müssen? Es passierte so wenig. Von der großen Mehrheit
kam nichts. Natürlich gab es Ausnahmen. Nicht wenige

Menschen engagieren sich, zeigen ihr Gesicht. Organisieren kleine Demos. Aber die Mehrheit?

In Washington gingen 290 000 Menschen auf die Straße. Es war die größte pro-israelische Demonstration, die es je in den USA gegeben hatte. In Paris demonstrierten mehr als 100 000 Menschen gegen Antisemitismus.[14] Die größte Demonstration der Solidarität in Deutschland fand am Brandenburger Tor statt. Die wichtigen gesellschaftlichen Gruppen hatten dazu aufgerufen: Parteien, Gewerkschaften, Arbeitgeber, Kirchen. Bundespräsident Frank-Walter Steinmeier mahnte den Schutz des jüdischen Lebens in Deutschland an. Zur Kundgebung nach Berlin waren nach Angaben der Polizei 10 000, vielleicht 15 000 Menschen gekommen. Wie frustrierend. Wie enttäuschend. Wie erbärmlich.[15]

Dass am 7. Oktober und an den Tagen danach so wenige Menschen auf die Straße gingen oder mit anderen demonstrativen Gesten zeigen wollten: Euer Schmerz ist unser Schmerz, hat zur größten Irritation der letzten Jahrzehnte in der jüdischen Gemeinschaft geführt. Hatten die Menschen in diesem Land nicht versprochen, dass, wenn auf deutschen Straßen »Tod den Juden!« erklingt, die vielen da sein werden? Dass das Versprechen nicht gehalten wurde, hat einen tiefen Riss, eine tiefe Einsamkeit, ein tiefes Gefühl von Alleinsein hervorgerufen.

Im September 2022, als die mutigen Frauen im Iran als Reaktion auf den Tod der 22-jährigen Mahsa Amini unter Lebensgefahr ihre Rechte einklagten, sind Zehntausende zu Recht viel und oft nicht nur auf die Straße gegangen, sondern haben auch in Theatern und anderen Institutionen der Kunst und Kultur unsere Solidarität und unser Mitgefühl ausgesprochen. Die Proteste weiteten sich zu einer Bewegung unter dem Motto »Frauen, Leben, Freiheit« aus und stießen in Deutschland auf große Solidarität.

Als Russland am 24. Februar 2022 völkerrechtswidrig die Ukraine angriff, sind Tausende zu Recht sofort auf die Straße gerannt, wollten Kraft geben und Trost spenden, hängten die ukrainischen Fahnen zu ihren Fenstern heraus, zeigten Menschlichkeit und mitmenschliche Gefühle – was das Selbstverständliche ist.

Gehen wir weiter zurück: In den Jahren 2015/2016 hatte Deutschland mehr als 1,2 Millionen Flüchtlinge und Asylsuchende aufgenommen. In dieser Zeit haben insgesamt 55 Prozent der Bevölkerung ab 16 Jahren Flüchtlinge in Deutschland unterstützt.[16]

Eine Welle der Solidarität gab es auch im Januar 2015 beim Gedenken an die Opfer des schrecklichen Terroranschlags in den Büros der Satire-Zeitschrift *Charlie Hebdo* in Paris, bei dem zwölf Menschen starben.

Jedes Mal gab es in Deutschland große Gefühle, große Solidarität. Genau das haben die Zehntausende aber eben *nicht* gezeigt, als es um den Angriff in unserem eigenen Land auf eigene Bürgerinnen und Bürger ging. Kann es sein, dass die Empathie nicht funktioniert, wenn es um Jüdinnen und Juden geht? Anscheinend ja. Aber es ist doch auch *unser* Land. Es ist das Land, in dem wir leben mit Millionen anderen Menschen. Es ist doch unser Zuhause. Unser Sicherheitsland. Wie für alle anderen auch. Selbstverständlich erlebt. Eigentlich doch nicht der Rede wert. Das Land, in dem wir einer unter vielen sind. Oder?

Vielleicht ist das alles auch ein Missverständnis ... Eine Wunschvorstellung.

Wo waren denn die meisten Theater? Wo engagierten sich die meisten Museen und andere Institutionen der Kunst? Wo waren die Musiker und Musikerinnen? Die

Schriftsteller und Schriftstellerinnen? Ja, einige haben sich engagiert. Der PEN Berlin veranstaltete zwei Lesungen, unter anderem mit Herta Müller und Ulrich Matthes. Es war Oliver Reese, der Intendant des Berliner Ensembles, der auf Initiative von Igor Levit innerhalb kürzester Zeit ein Solidaritätskonzert »Gegen das Schweigen. Gegen den Hass« organisierte – mit Künstlern wie Die Toten Hosen, Wolf Biermann, der Zeitzeugin Margot Friedländer und vielen anderen. Ich bin dankbar, dass ich dabei sein konnte. Dieses Solidaritätskonzert hat mich tief bewegt. Es hat möglich gemacht, was so nur Kunst und Kultur können: gesellschaftliche Risse sichtbar machen, eine tiefe Resonanz auslösen, Hoffnung geben. Und vor allem an das erinnern, was Menschlichkeit ausmacht: dass man die, die angegriffen werden, nicht allein lassen darf. Erst Wochen danach begannen weitere Kulturinstitutionen aufzuwachen und planten weitere Aktivitäten.

Doch wo blieben die vielen Intellektuellen? Die Hochschulen? Wo war die Unterstützung, die ich, die alle Juden und Jüdinnen erwartet hätten? Wo war das »Wir«, zu dem ich mich zähle – durch seine Abwesenheit wurde ich wieder zu einem »Ihr« gemacht. Ich betone noch einmal: Es geht und ging nicht allein um den Nahostkonflikt. Es geht und ging darum, dass jüdische Bürgerinnen und Bürger beleidigt wurden, bespuckt und bedroht. In aller Öffentlichkeit. Auf Deutschlands Straßen. Die meisten dieser Institutionen waren schlicht und einfach nicht da, erfüllten ihre Verantwortung nicht.

Am 8. Oktober habe ich einige Jüdinnen und Juden getroffen. Es war sehr still. Ab und zu erzählte der eine oder die andere von ihrem Gefühl der Einsamkeit. Allein gelassen zu sein. Einige sagten, sie hätten geglaubt, in der Linken eine sichere Heimat, Freundschaft und Geborgenheit gefunden zu haben. Und wie enttäuscht sie von deren Sprachlosigkeit waren.

Eine sagte: »Ich will doch nur eine Umarmung. Eine Umarmung von einem nichtjüdischen Menschen, der mir zeigt: Ich fühle deinen Schmerz. Ich bin da. Ich halte dich.« Ein anderer: »Die Solidarität, die Umarmung muss spontan geschehen. Und wenn nicht unmittelbar, dann spätestens morgen, übermorgen auf den Straßen sichtbar werden.« Eine Freundin, die seit Jahren in der jüdischen Gemeinde aktiv ist und sich für die Zusammenarbeit mit nichtjüdischen Menschen engagiert: »Ich stehe vor den Scherben meiner Arbeit.« Eine andere: »Und ich vor den Scherben meines Lebens.«

Ein junger Mann sagte mit lauter Stimme: »Ich kann das Wort ›aber‹ nicht mehr hören. Aber ... man müsse doch verstehen, dass der Nahostkonflikt seine Auswirkungen habe. Man müsse doch verstehen, dass viele Menschen über die Regierung Netanjahu empört seien. Man müsse doch verstehen, dass die Palästinenser Opfer seien. Man müsse doch verstehen, dass die israelischen Siedlungen und die israelische Besatzungspolitik ... und, und, und. Ich würde am liebsten schreien: Die Israelis sind nicht die Täter. Sie sind die Opfer!«

Dieses Aber ist unerträglich. Konnte man ohne Kontextualisierung nicht erst einmal einfach innehalten? Trauer empfinden? Dass über 1400 Menschen, jüdische Menschen, bestialisch, in einer erschütternden Rohheit ermordet und geschändet wurden. Konnte man diesen Menschen, ihren Angehörigen und sich selbst nicht wenigstens ein paar Wochen Zeit lassen? Sich als Mensch einer Trauer nähern darüber, was Menschen Menschen antun können. Konnte man nicht wenigstens für einen Augenblick diesen ermordeten Menschen zugestehen, dass sie Opfer sind? Viele konnten es anscheinend nicht.

Der Versuch, in solchen Diskussionen zu erklären, dass man Netanjahus Politik nicht automatisch gutheißt, weil man Jude ist, fruchtet wenig. Auf wenig Resonanz stößt auch der Hinweis, dass man sich doch eigentlich darüber unterhalten wollte, dass hier, in Berlin oder München oder Frankfurt oder Düsseldorf, von unterschiedlichsten Gruppen für alle hör- und sichtbar Judenhass durch die Straßen gebrüllt wird; dass der Antisemitismus *hier* doch eigentlich das Thema sei, über das man sprechen wolle. Dies alles wird, wenn es überhaupt gehört wird, mit einem mitleidigen Nicken quittiert.

Seit dem 7. Oktober toben sich die verschiedenen Gruppen in verbaler und tatsächlicher Gewalt gegen Juden, Jüdinnen und jüdische Einrichtungen auf Deutschlands Straßen aus. Das geschieht 85 Jahre nach der Reichspogromnacht. Monate vor dem 80. Jahrestag der Befreiung von Auschwitz. Bei der zentralen Gedenkveranstaltung in der Beth-Zion-Synagoge in Berlin waren sie alle da: die höchsten Repräsentanten des Staates. Ehrlich und ernsthaft traurig und betroffen. Auf dieser wichtigen Ebene funktioniert das Selbstverständnis der Bundesrepublik Deutschland immer noch. Bundeskanzler Olaf Scholz sprach von einem »Nie wieder« in Deutschland.[17]

Dabei war der Anlass seiner Rede ein »Wieder«. Er merkte nicht den logischen Widerspruch dieses Gedankens. Diese »Nie wieder«, die es ja immer wieder gab, sind ein Grund, warum jüdisches Leben jetzt erschüttert ist. Das Versprechen »Wehret den Anfängen« wurde nie eingelöst. Und weil so vielen Anfängen nicht gewehrt wurde, sind wir da, wo wir jetzt sind: am Scheidepunkt. Wir sind die Zeugen *unserer* Zeit.

Wir stehen deshalb an einem Scheidepunkt, weil es nicht nur um das Judentum geht, sondern um die Demokratie, um die Freiheit der vielen, um unser aller Freiheit. Die Hitze des Hasses gegen Jüdinnen und Juden ist nur das wie mit einem Thermometer messbare Symptom dafür, dass der Angriff auf diese Freiheit immer erfolgreicher wird. Der strukturell größte Erfolg der Hasser und Hetzer ist, dass sie demokratisch in deutsche Parlamente gewählt und wiedergewählt wurden – aber deshalb noch lange nicht demokratische Parteien geworden sind. Der wehrhafte Staat – was ist das eigentlich? Wann beginnt er zu wirken? In den letzten Jahrzehnten jedenfalls war er nicht wehrhaft genug, sonst wären wir nicht da, wo wir sind.

Der Hass ist da. Und er wächst. Der Versuch der Spaltung ist da und wächst. Der Versuch, Minderheiten zu diffamieren, ist da und wächst. Wer das nicht sehen will, muss sich wie die drei Affen Augen, Ohren und Mund zuhalten.

Ich will leben. Wie jeder andere auch. Ohne Angst, mit einer gewissen Unbeschwertheit und Leichtigkeit. Ich will, dass jüdische Kinder in dieser Welt aufwachsen und die kindliche Naivität genießen. Angstfrei sind. So viel lachen, wie es nur geht. Frei von Hass sind. Ohne das Gepäck des Risikos und der Gefahr und Angst und Bedrohung. Ich will, dass sie sich nicht als Juden von außen markiert fühlen. Und dass sie sich nicht damit beschäftigen müssen, dass diese Markierung Ablehnung und Feindschaft und Ausgrenzung bedeutet.

Können Sie sich vorstellen, was es bedeutet, wenn Kinder, wenn sie in die Kita, die Schule oder ins Jugendzentrum gehen, bewacht werden müssen von Polizei mit Maschinengewehren? Und das als Normalität empfinden? Sich die Frage stellen müssen: Wer bedroht uns? Es ist zwar gut, dass die Polizei da ist. Aber gleichzeitig ist es eine Stigmatisierung: Jude sein heißt gefährdet sein. Genau diese Gefährdung wächst derzeit. Das verändert das jüdische Leben fundamental. Es verändert auch die jüdische Perspektive, unseren Blick auf die Zukunft in diesem Land.

Wir leben hier, aber haben wir hier eine Zukunft? Die Antwort fällt immer pessimistischer aus. Die meisten Menschen in diesem Land stellen sich diese Frage nicht. Für Juden und Jüdinnen ist diese Frage jeden Tag präsent, mal mehr, mal weniger drängend und belastend. Diese so oft wiederholten Sätze, »Nie wieder«, »Wehret den Anfängen«, »Wir schämen uns«, »Wir sind solidarisch mit euch«, kann in der jüdischen Community keiner mehr hören. Diese gut gemeinten Sätze sind hohl, inhaltslos, folgenlos geblieben. Sie sollen der Selbstberuhigung dienen, aber sie sind abgegriffen und vermitteln eine falsche Botschaft. Wir sind nicht bei den Anfängen, schon lange nicht mehr. Wir sind mittendrin. Im roten Bereich. Und der Pfeil geht in Richtung: Es wird noch schlimmer.[18]

Seit dem 7. Oktober stellt sich in jeder jüdischen Familie eine ganz neue Frage. Eine Frage, die wir seit der Shoah und mit der Gründung des Staates Israel, spätestens mit der Generation der Kinder der Überlebenden, hinter uns gelassen hatten: die Frage nach der Sichtbarkeit des Jüdischseins. Kein Christ macht sich Gedanken, ob er ein kleines oder großes Kreuz über oder unter dem T-Shirt trägt. Das ist gut so. Aber jüdische Eltern machen sich Sorgen, wenn jüdische Kinder einen Davidstern tragen und damit in der Öffentlichkeit erkennbar sind. In jeder Familie wird darüber diskutiert, zumindest unter den Eltern: Soll man den Kindern sagen: »Versteck deinen Stern, sprich kein Hebräisch, nimm die Kippa ab!«?

Ist man sich der Wirkung bewusst, die diese Aussage auf die Kinder hat? Sie hören, dass ihr Sein bedroht ist; dass es Menschen gibt, die ihre Identität nicht ertragen; dass es Menschen gibt, die sie wegen ihrer Identität verletzen, ausgrenzen, töten wollen; dass sie Fremde sind. Andere. Gefährdete Andere.

So werden Kinder sehr schnell, viel zu schnell, viel zu früh erwachsen. Viele jüdische Eltern wissen das. Sie wissen auch, dass die Gewalt und die Gefahr wachsen und dass sie das nicht ignorieren dürfen, dass das nicht nur Theorie ist. Sie setzen fort, was sie als emanzipierte Jüdinnen und Juden nie wieder wollten: den Schritt zurück in die Unsichtbarkeit. Den Schritt zurück zum ängstlichen, zum verunsicherten Juden. Zum Juden, der sich verstecken muss, weil er in Gefahr ist; der sich verleugnen muss; der seine äußerlich sichtbaren Merkmale unsichtbar macht und damit auch sich selbst als den Menschen, der sie getragen hat. Das soll man Kindern antun? Sie unsichtbar machen, damit sie sicherer sind?

Ihre Eltern wissen, dass sie dadurch nicht sicherer, sondern durch die Selbstverleugnung unsicher und verstört werden. Genau das wollen die Judenhasser. Und so bestätigen jüdische Eltern ungewollt, unfreiwillig den Antisemiten eine Macht, die sie nicht haben sollten. Niemals.

Brief an die Gleichgültigen

Leider kann ich Sie nicht alle persönlich ansprechen. Eine Unhöflichkeit, die ich bitte zu entschuldigen. Aber Sie sind so viele, dass es den Rahmen sprengen würde. Ich habe eine Frage: Wie macht man das eigentlich: so gleichgültig sein? Ich meine damit nicht nur Ihre Nicht-Reaktion auf die Übergriffe gegen Juden. Vielleicht sind Sie abgestumpft, weil wir in unserer Gegenwart so viel Elend und Leid sehen. Vielleicht sind Sie abgestumpft, weil Sie das Gefühl haben, nichts ändern zu können.

Vielleicht ist es nur eine Ausrede, weil man eigentlich nichts ändern will, weil man zu müde ist oder eben zu gleichgültig. Vielleicht stumpft man auch gegen sich selbst ab.

Gut, dass nicht alle gleichgültig sind. Und dass es doch Themen gibt, bei denen die Gleichgültigen ihre Gleichgültigkeit für einen Moment ablegen, ihre müden Konturen verschwinden und ihre Augen leuchten: »Frauen, Leben, Freiheit«, »Je suis Charlie«, »Wir schaffen das«. Ich will damit sagen: Es geht doch! Irgendwie geht es doch! Das führt mich zu der Frage: Warum ging und geht es so beschwerlich, so zaghaft, so spät, wenn es um jüdische Menschen geht? Ich schreibe bewusst »jüdische Menschen«, denn um nichts anderes geht es: um Menschen.

Wo sind Sie? Wo waren Sie, als wir Sie brauchten? Als wir das Gefühl brauchten, dass es einen Schutzschild gibt –

eine Gesellschaft, eine Gemeinschaft, die den Judenhassern mit ihren Vernichtungsfantasien etwas entgegensetzt. Bitte nicht mit dem Spruch »Wir sind alle Juden«, sondern vielleicht mal mit »Wir sind alle Menschen«.

Jüdische Menschen waren und sind verstört. Traumatisiert. Nicht nur, weil sie sahen, wozu die Terroristen in Israel fähig waren, sondern weil die ersten Reaktionen, die spontanen Reaktionen auf der Straße nicht Solidaritätsbekundungen für die jüdische Gemeinschaft waren, sondern genau das Gegenteil: Muslimische Antisemiten feierten die brutalen, die menschenverachtenden Morde der Hamas. (Um es noch einmal klar zu betonen: Es sind nicht »die Muslime« gemeint, es geht um radikalisierte Muslime.) Sie verteilten Kuchen. Sie sangen. Sie waren glücklich über das Blutvergießen. Zu ihnen gesellten sich immer mehr linksradikale deutsche Demonstranten. Auch Rechtsextreme nutzten die Tragödie.

Wir erschraken immer mehr, als wir sahen, als wir hörten, wie in unserem eigenen Land menschen- und demokratieverachtende Worte skandiert wurden. Wir fragen uns: Wie wehrhaft ist unsere Demokratie, die immer mehr Demonstrationen zulässt, auch solche, die den Dschihad verherrlichen, also einen islamischen Staat fordern?

Es wurden kaum Fahnen mit dem Davidstern aus den Fenstern gehängt. Es versammelten sich *nicht* Hunderttausende. Es ist *nicht* verstanden worden, dass es nur vordergründig um »Juden« geht, aber in Wirklichkeit um die Würde des Menschen, die verletzt wurde. Oder gilt die Unantastbarkeit doch nicht für alle? Nicht für Juden? Die Würde des Menschen wurde bei allen antisemitischen Demonstrationen mit Füßen getreten. Meine Würde und auch Ihre Würde.

Ich weiß, Sie waren alle beschäftigt mit Ihrem Leben, das schon schwer genug ist. Vielleicht sind Ihnen Juden wirklich gleichgültig. Vielleicht denken Sie sich, ohne dass Sie sich als Antisemiten empfinden würden: »Es gibt immer Ärger mit denen!« Vielleicht haben Sie verlernt, was Solidarität bedeutet. Unmittelbare Solidarität. In Handlung umgesetzte Solidarität. Ich weiß es nicht.

Es wird Sie vielleicht wundern: Aber Sie Gleichgültige sind mir nicht gleichgültig. Denn ich brauche Sie. Wir haben Sie gebraucht. Aber Sie waren nicht da. Jedenfalls nicht genug. Sie hätten durch Ihr Engagement zeigen können, wo Sie stehen und warum Sie öffentlich da stehen, wo Sie stehen: für die Freiheit und Würde aller Menschen in unserem Land, auch der jüdischen Menschen.

Aber wahrscheinlich waren Sie mit wichtigeren Dingen beschäftigt. Ach ja, es ist bald Weihnachten.

Scherben

Als am 13. Oktober die Hamas den weltweiten »Tag des Zorns« ausrief, ließen 80 Prozent der Eltern der jüdischen Lichtigfeld-Schule in Frankfurt ihre Kinder zu Hause. »Die Schule war verwaist, und die Kinder fragten: ›Warum hasst man uns? Was haben wir getan?‹ Sie können das nicht verstehen«, sagt die Schulleiterin Noga Hartmann. »Sie wollen doch einfach nur Kinder sein.«[19]

Angst griff um sich. Denn gemeint waren von der Hamas nicht Israelis, sondern alle Juden in der Welt.

Sollte man seinen Namen vom Klingelschild entfernen? Die jüdische Gemeinde anweisen, die Post so zu schicken, dass das Logo nicht zu sehen ist? Die kleine Schriftkapsel am Türpfosten, die Mesusa, abnehmen? Sich immer mehr unsichtbar machen?

Das scheint wie ein Weg zurück in die Vergangenheit, ins Ghetto, wo die Großeltern gelebt hatten. Aus dem man sich doch befreien wollte. Wollte man nicht ein selbstbewusstes, ein offenes jüdisches Leben leben? Hier?

Auch ich bin mit dieser Frage konfrontiert. Als ich der junge Michel war, tat ich alles, um mich aus dem Ghetto-Angstgefühl zu befreien. Aus seiner Enge. Ich tat alles, um mich zu emanzipieren.

Meine Eltern hatten im Deutschland der 1960er-Jahre große Angst, als Juden erkannt zu werden. Kein Wunder, wenn man bedenkt, dass die Mörder ihrer Familien zu dieser Zeit wieder in Wohlstand lebten und so taten, als hätten sie mit Adolf Hitler, dem »Dritten Reich« und der Judenverfolgung nichts zu tun. Kollektive Amnesie. Ich erstickte fast an dieser angstvollen Enge, und ich beschloss, dass ich einen Davidstern tragen wollte; dass ich, wenn es deswegen zu Konflikten kommen sollte, mich diesen stellen würde. Das versuche ich bis heute.

Auch meine Kinder tragen einen Davidstern. Einfach so, ohne ihm große Bedeutung beizumessen. Nebenbei. In großer Leichtigkeit. Nicht mehr, nicht weniger. Sollte ich ihnen diese Leichtigkeit nehmen? Soll ich ihnen den Judenstern ausreden? Sie tragen ihn so, wie andere ein Kreuz tragen oder einen Halbmond. Oder einfach Schmuck. Nicht als großes Bekenntnis, als etwas Besonderes, als demonstrative Aussage. Nicht als eine Ansage nach außen. Soll ich ihnen ihre Selbstverständlichkeit zerstören? Einen Teil ihrer Identität? Sollte ich, getrieben von dem, was möglich wäre, nämlich Gewalt von Antisemiten, in ihr Leben eingreifen, es verändern, sie verändern? Und damit ebendiesen Antisemiten Macht geben, Macht auch über meine Kinder? Sollte auch in dieser Generation jüdische Identität mit Angst, Zurückhaltung, Misstrauen vergiftet werden?

Ich bin dazu nicht bereit. Ich bin nicht bereit, mich von Menschen, die hassen, beeinflussen zu lassen. Ich bin nicht bereit, mich ihnen anzupassen. Ich bin nicht bereit, ihnen dieses Machtgefühl zu schenken. Ich bin nicht bereit, einen Teil meiner Identität aufgrund von Drohungen, von geistiger Brandstiftung zu löschen. Ich bin nicht bereit, dass Hass das letzte Wort hat.

Ich wünsche mir fröhliche Kinder. Naive Kinder. Angstlose Kinder. Alle Kinder dieser Welt sollten so sein dürfen, auch jüdische. Nur: Wie sollen Eltern die Verantwortung übernehmen, wenn das Kind das T-Shirt des jüdischen

Sportverbands Makkabi trägt, einen Davidstern, eine Kippa und infolgedessen in der U-Bahn, auf der Straße oder auf dem Pausenhof angepöbelt oder geschlagen werden *könnte*. Kann man sich damit trösten, dass es auch geschlagen worden wäre, wenn es nicht erkennbar gewesen wäre?

Andererseits: Ist ein Kind nicht schon geschlagen, wenn man ihm beibringt, dass es geschlagen werden *könnte*, nur weil es Jude oder Jüdin ist? Die Verantwortung zerreißt einen. Es ist eine lebenslange furchtbare Ambivalenz. Ein Konflikt, ein Dilemma. Mussten Sie sich jemals solche Fragen stellen?

Bei allen Gesprächen habe ich mich und die anderen Eltern immer wieder daran erinnert: »Denkt daran, dass unsere Kinder uns beobachten. Die Fünfjährigen genau wie die Fünfzehnjährigen. Alles, was wir jetzt sagen und tun, wird ihre jüdische Identität und ihre jüdische Selbstverständlichkeit berühren, sie als Menschen prägen. Denkt daran, dass wir keine Opfer sein, nicht hilflos sein wollen.«

Ich werde den Judenhassern nicht verzeihen, dass viele Kinder die Leichtigkeit, die Selbstverständlichkeit, die sie einmal in ihrem Leben hatten, wenn man sie fragte, ob sie Juden sind, am 7. Oktober verloren haben.

Brief an Jüdinnen und Juden

Eigentlich wollte ich ein paar Worte über die Traurigkeit schreiben. Über die Einsamkeit. Aber was soll ich Euch schreiben, was Ihr nicht schon wisst, worüber wir schon so oft gesprochen haben? Ich war auch kurz versucht, ein paar Worte des Trostes zu sagen. Schnell wurde mir klar, dass es für das, was wir erleben, keinen Trost gibt.

Wir bemühen uns so sehr – ob in Deutschland, in Frankreich, in den USA. Wir bemühen uns so sehr in der Diaspora, in der wir leben. Wir bemühen uns, aus all dem, was unsere Eltern, Großeltern, Urgroßeltern in anderen Zeiten und in anderen Welten erlebt haben – erleben mussten –, ein Leben in unserer Zeit und in unserer Welt zu gestalten, indem wir unser Leben lebenswert machen. Manche, auch die Jüngeren, leben religiös. Macht es das leichter? Die meisten Juden leben säkular. Allen ist gemeinsam, dass sie sich in den freien Gesellschaften so entfalten wollen, so viele Identitäten ausprobieren wollen wie alle anderen Menschen auch.

Ich bin Sohn. Ich bin Vater. Ich bin Anwalt. Ich bin Philosoph. Ich schreibe Bücher. Ich rede gern. (Manche sagen, zu viel.) Ich bin Ehemann und werde langsam, aber sicher ein alter Mann. Ich bin Jude. Ich wollte nie auf mein Jüdischsein reduziert werden. Ich wollte nie nur als Jude gesehen werden. Ich wollte all das leben, was in mir ist. Ich weiß nicht, ob mir das in meinem Leben gelungen ist. Ich weiß nur, dass ich nicht nur der jüdische Anwalt, sondern der Anwalt bin. Ich weiß, dass ich nicht nur der jüdische Journalist, sondern der Journalist bin. Ich weiß, dass ich nicht nur der jüdische Vater und Ehemann bin, sondern Vater und Ehemann. Ich weiß, dass ich, wenn ich mich mit politischen oder philosophischen Fragen auseinandersetze, dies nicht nur als Jude tue, sondern als Mensch mit all seinen Facetten, der gern nachdenkt und dabei auch die Erkenntnisse aus dem Judentum mit einbezieht. Aber ich weiß auch, dass ich zum Juden gemacht werde, ob ich will oder nicht, wenn die, die mich anschauen, mich darauf reduzieren.

Was ich damit sagen will, ist, dass wir doch die Hoffnung hatten, wenigstens ein bisschen mehr sein und leben zu können als viele unserer Vorfahren; unser Jüdischsein leben zu können, ohne immer wieder durch den Blick von außen zurückgeworfen zu werden, der Juden auf »Jude« reduziert. Ich will nichts Besonderes sein. Ich will nicht »mehr« oder »weniger« sein, nur weil ich Jude bin. Aber dass ich Jude bin, will ich auch nicht verleugnen.

Jeder von Euch hat die Zutaten für sein Leben selbst ausgesucht. Für die einen war die jüdische Religion prägender, für die anderen weniger. Für die einen war die jüdische Tradition und Kultur ein Schatz, aus dem sie bis heute schöpfen, für die anderen weniger. Es gibt auch solche, die sich von allem Jüdischen entfernt haben oder ihm nicht nahe sind. Doch wir alle wissen, dass wir Teil einer Weltgeschichte sind, in der Jüdinnen und Juden immer wieder enteignet, entrechtet, vertrieben und ermordet wurden. Für die einen ist das der Mittelpunkt ihres Lebens. Für die anderen ein Punkt unter vielen.

Wir alle dachten, dass wir als jüdische Gemeinschaft diesen Weg der Emanzipation gehen könnten. Wir gingen davon aus, dass der Antisemitismus zumindest in der Öffentlichkeit zurückgehen würde und dass diejenigen, die eine vorurteilsfreie, offene, demokratische, buntere Zukunft gestalten wollten, dieses Projekt mit Energie und Erfolg in die Zukunft tragen könnten.

Seit dem 7. Oktober 2023 sind wir wieder erschüttert und haben das Gefühl, dass wir uns mit unserem Wunschdenken, mit unserer Hoffnung selbst betrogen haben. Wieder einmal stellen wir fest, dass uns im Kampf gegen den Judenhass nicht wirklich geholfen wurde. Wir merken, dass viel zu viele Missverständnisse, viele »Aber« und »Das muss man doch differenziert betrachten« durch den Diskussionsraum schwirren und viele von uns denken: »Versteht Ihr das nicht?« »Macht Ihr es nicht nur deshalb kompliziert, um Euch zu entlasten?« Was muss man denn differenziert betrachten, wenn Menschen uns den Tod wünschen?

Viele von uns haben aber auch erlebt, dass nichtjüdische Freunde Freunde bleiben. Anrufen. Fragen. Mitleiden. Umso mehr, weil es im öffentlichen Raum geisterhaft still ist. Viele von uns sind noch trauriger, noch verzweifelter geworden. Wir haben vor vielen Jahren die Synagogen geöffnet. Unsere Gemeindehäuser geöffnet. Kulturveranstaltungen für alle organisiert, wollten Gastgeber sein für die Mehrheitsgesellschaft, haben Gesprächsangebote durchgeführt, jüdische Volkshochschulen geöffnet.

Ich erzähle Euch nichts Neues. Ich will mit Euch reden, weil auch ich einsam bin, weil auch ich mich frage: Ist es ein Fehler, in diesem Land zu leben und zu bleiben? Ist es *jetzt* ein Fehler?

Am Anfang waren wir verzweifelte Optimisten, dann wurden wir skeptische Optimisten, schließlich vielleicht zu naive Optimisten. Nach dem 7. Oktober sind wir Verzweifelte. Von Optimismus kann kaum mehr die Rede sein. Jetzt fragen wir uns, welche Zukunft wir haben, wenn wir als Juden hier leben wollen. Trauriges Leben.

Die Frage, die ich mir stelle, stellt Ihr Euch sicher auch: Warum hat das alles nicht geholfen? Ich weiß es nicht. Ich habe mit großer Skepsis, aber auch mit einer gewissen Hoffnung gedacht, dass es nur besser werden kann. Ich dachte, Hass und Hetze würden zwar nie aufhören, aber sie würden schwächer werden. Ich hätte skeptischer sein müssen. Ich habe mich geirrt.

Der ehemalige Vorsitzende des Zentralrats der Juden und mein Freund Ignatz Bubis hat kurz vor seinem Tod 1999 in einem Interview gesagt: »Ich habe nichts oder fast nichts erreicht.« Noch immer sei ein Jude in Deutschland kein Deutscher.[20] Diese Aussage hat mich erschüttert. In all diesen Jahren, in denen wir gemeinsam versucht haben, der jüdischen Gemeinschaft Mut und Selbstvertrauen zu geben, in denen wir Vorträge in Hunderten von Schulen gehalten haben, in denen wir mit verschiedenen Regierungen verhandelt haben, haben wir das getan, weil wir unseren Mikrokosmos stärken wollten und weil wir wussten, dass das nur möglich ist, wenn im Makrokosmos Deutschland eine tiefe Sehnsucht nach Demokratie, nach noch mehr Demokratie und noch mehr Demokratie wächst.

Ich habe Ignatz Bubis' Satz sehr gut verstanden. Trotzdem habe ich weitergemacht. Und irgendwie mache ich auch heute noch weiter. Solange ich lebe, solange ich hier in Deutschland lebe, werde ich wohl nicht aufhören können. Ich glaube an die Aufklärung. Letztendlich glaube ich immer noch an den Menschen. Auf die Frage, ob ich glaube, dass sich durch diese Arbeit etwas zum Besseren verändert hat, würde ich heute sehr nachdenklich und ernsthaft antworten: Ich weiß es nicht. Aber das Leben in den jüdischen Gemeinden hat sich deutlich verbessert. Die Lebensqualität für Juden außerhalb der Gemeinden hat sich deutlich verschlechtert.

Die Öffentlichkeit und die Medien haben Bubis Verbitterung vorgeworfen. Ich kann bezeugen, dass er nicht verbittert war. Was er aber fühlte, war Enttäuschung über die Gesellschaft, in der er lebte, die sich hinsichtlich Weltoffenheit und Toleranz nicht wirklich weiterentwickelte. Der Antisemitismus hatte noch immer seinen Platz, und die meisten Menschen reagierten dort, wo er zu spüren war, nicht darauf. War er zu pessimistisch? Hatte er zu hohe Erwartungen?

Nein. Die Erwartung, wie jeder andere Mensch behandelt zu werden, nicht diskriminiert zu werden, ist ein Menschenrecht, um das niemand zu bitten braucht. Das »Recht, Rechte zu haben«, wie Hannah Arendt es formuliert. Das Apriori des Menschen, Mensch zu sein, ohne Diskriminierung zu leben, ist ein zivilisatorischer, humanistischer, aufklärerischer Gedanke, dessen Bedeutung nicht hoch genug eingeschätzt werden kann. Er gilt für alle Menschen. Auch für jüdische Menschen.

Ich schreibe dies, damit Ihr, liebe Freundinnen und Freunde, wieder aufsteht, ins Leben geht. Paradoxerweise selbstbewusster, ja selbstsicherer als vor dem 7. Oktober 2023. Denn wir haben das Recht, das uns niemand absprechen kann, auch wenn es so viele versuchen: Menschen zu sein. Jüdische Menschen.

Ich jedenfalls will die Fremdbestimmung durch Antisemiten nicht einen Millimeter mehr zulassen als vor dem 7. Oktober. Im Gegenteil: Ich will den Judenhassern jeder Couleur ihre Feindseligkeit vor die Füße werfen und ihnen sagen, dass ihr Hass uns nicht berühren kann. Ich will mir jedenfalls vorstellen, dass wir uns das vorstellen wollen.

Ich möchte mir vorstellen, dass wir selbstbewusst genug sind, um zu wissen, dass all das, was man uns zuruft, was man uns anhängt, nie wahr war, nicht wahr ist und nicht wahr sein wird; dass nicht wir Juden schuld sind am Judenhass, sondern die Judenhasser selbst; dass es keine Notwendigkeit gibt, sich ihnen anzupassen – weil jede Anpassung unserem Leben die Substanz und die Qualität nimmt und am Ende nichts hilft. Erinnern wir uns nur an die verzweifelten Jüdinnen und Juden, die sich bis zur Unkenntlichkeit assimiliert haben und trotzdem in Auschwitz ermordet wurden.

Ich schreibe Euch, weil ich glaube, dass es an der Zeit ist, dass wir miteinander reden; dass wir uns verabreden, dass wir uns gegenseitig schützen, dass wir füreinander da sind. Dann, wenn einer von uns sein Leben ganz und gar genießt, so wie es sich jeder Mensch wünscht. Und auch dann, wenn er oder sie angegriffen wird, nur weil er oder sie Jude oder Jüdin ist. Wir müssen uns versprechen, dass wir ihm oder ihr zur Seite stehen, dass wir uns aufeinander verlassen können. Denn wenn wir uns nicht auf uns selbst verlassen können, auf wen sonst können wir uns verlassen? Diese Frage ist nach dem 7. Oktober noch dringlicher geworden.

Ich will nicht, dass wir uns als Opfer fühlen. Wir sind es nicht. Wir sollen vielleicht Opfer sein oder von außen zu Opfern gemacht werden. Aber wir dürfen das nicht übernehmen. Diesen Blick von außen. Diese ewigen Urteile, die nichts anderes sind als Vorurteile. Nein. Diese Rolle des Sündenbocks, der für das bezahlen soll, was die Antisemiten in ihrem Leben falsch gemacht haben, hat mit uns nichts zu tun. Das Gefühl, zu agieren, die Selbstermächtigung des Handelns, die Entschlossenheit, sich immer wieder und trotz allem in die Debatten einzubringen – das sind die Leitplanken auf dem Weg, den ich jedenfalls gehen will. Ihr auch?

Ich lasse mir mein Menschsein nicht nehmen. Wer hätte das Recht, es mir zu nehmen? Niemand! Auch mein Jüdischsein lasse ich mir nicht nehmen. Genauso wenig wie andere Menschen sich ihr Christsein oder ihr Muslimsein nehmen lassen. Ich will mich wehren, argumentieren, auch schützen, damit ich, damit wir alle ein freies Leben leben können.

Damit ich nicht falsch verstanden werde: Mein Herz blutet, und meine Seele schmerzt. Ich bin traurig. Verzweifelt. Ich denke daran, dass ich seit fast einem halben Jahrhundert wie in einer Wiederholungsschleife lebe. Das Drehbuch scheint immer das gleiche, das alte zu sein. Und doch: Sich unterkriegen lassen? Passiv werden? Die Gestaltungsmacht aus der Hand geben? Müde sein? Jüdisches Leben verdunkeln? Dem Hass das letzte Wort überlassen? Über unser Leben? Ich denke nicht daran. Ich bestehe darauf, dass die Judenhasser nicht das letzte Wort haben dürfen.

Unsere Kinder, aber auch wir selbst haben ein Recht auf ein »gutes Leben«. Also stehen wir wieder auf und fangen wieder an. Lernen, was zu lernen ist. Machen weiter.

Sisyphos rollt den Stein immer wieder den Berg hinauf. Kaum ist er oben, rollt der Stein wieder hinunter. Sisyphos fängt wieder von vorn an. Bis heute. Es gibt drei Möglichkeiten, diese Geschichte zu interpretieren:

Erstens: Wie blöd ist er eigentlich? Wann lernt er endlich, dass der Stein immer wieder ins Rollen kommt und seine Arbeit nutzlos ist, sinnlos; dass seine Hoffnung, es würde sich jemals ändern, lächerlich ist. So ist die Welt, so ist die Schwerkraft, so ist das Leben.

Zweitens: Indem er das immer wieder tut, scheinbar sinnlos und nutzlos, verhindert er vielleicht Schlimmeres.

Wenn er das alles nicht täte, wer weiß, was sonst auf diesem Berg geschehen würde? Es ist womöglich ein Erfolg. Ein bescheidener zwar ... So wie Sisyphos versuchen wir nach jedem Rückschlag, den Stein wieder nach oben zu rollen. Bis wir oben sind, können wir uns vorstellen, dass es diesmal besser sein wird, dass das jüdische Leben mit weniger Hass und irgendwann ohne Hass gelebt werden kann. Mit jedem Schritt wehren wir uns. Und wissen, dass der Stein wieder herunterrollen wird. Aber vielleicht wäre der Hass noch schlimmer, wenn wir uns nicht die Mühe machen würden, immer wieder diesen Stein nach oben zu schieben.

Und drittens: Irgendwann begreift Sisyphos, welchen Denkfehler er begeht und welches Wissen er noch nicht hat. Durch Nachdenken und Erfahrung findet er eine Lösung. Schwer vorstellbar zwar – aber doch möglich.

Die Menschen haben schon so viel Unbegreifliches begriffen. So viel Nichtwissen verstanden. Das ist der Grund, warum wir nie aufgeben sollten, sondern weitermachen – den Stein nach oben zu schieben, um irgendwann durchzuatmen. Um unserer selbst willen.

Wenn wir es nicht tun, wer sollte es für uns tun?

Angst-Orte

Eigentlich war die Hoffnung schon lange vor dem 7. Oktober zerbrochen. Schon im Jahr 2019 hatte der Antisemitismus-Beauftragte der Bundesregierung, Felix Klein, mitgeteilt, dass er Jüdinnen und Juden nicht raten könne, zu jeder Zeit und an allen Orten mit einer Kippa spazieren zu gehen.

Und jetzt wieder: Bei verschiedenen Demonstrationen gegen den Terror der Hamas haben die Sicherheitsbehörden den Demonstranten empfohlen, ihre Israel-Fahnen einzurollen und auf dem Heimweg zu vermeiden, als Juden identifiziert zu werden.

Letztlich sagt man der jüdischen Gemeinschaft damit, die Menschen sollten ihre Identität verstecken, andernfalls seien sie in Gefahr. »Und wenn ihr doch als Juden erkennbar seid, dann seid nicht überrascht, wenn Leute aggressiv auf euch reagieren. Jedenfalls können wir, der wehrhafte Staat, euch nicht schützen.«

Wie bitte? Das ist doch genau die Aufgabe des wehrhaften Staates. Wenn öffentliches jüdisches Leben in Deutschland nicht überall möglich ist, dann muss ich mich fragen, ob die freundliche Warnung bedeutet: »Habt Angst!«

Ich möchte nicht, dass jüdische Kinder, dass Jüdinnen und Juden Angst haben. Nirgends, erst recht nicht in Deutschland.[21] Deshalb möchte ich dem Staat zurufen: »Sorgt dafür, dass es nicht so bleibt! Setzt euren Apparat ein, damit es in Zukunft nicht mehr so ist! Oder wollt ihr uns sagen, dass ihr in Deutschland die Lage nicht mehr im Griff habt?«

Keiner anderen Minderheit wurde jemals eine solche Empfehlung gegeben. Was bedeutet es, wenn ein von der Bundesrepublik Deutschland legitimierter Repräsentant bis heute unwidersprochen laut und deutlich sagt – ich überspitze absichtlich: »Jüdische Bürger und Bürgerinnen dieses Landes: Es tut mir leid, aber: Ihr seid nicht frei zu tun, was ihr wollt. Ihr seid nicht frei zu gehen, wohin ihr wollt. Ihr könnt nicht überall in Deutschland zu Hause und sicher sein ...« Vielleicht ist es ja die Wahrheit. Aber öffentlich formuliert, empfinde ich diese Aussage als einen Offenbarungseid.

Steht nicht in der Verfassung, dass zur Freiheit auch die Bewegungsfreiheit gehört? Jedenfalls die Bewegungsfreiheit in meinem eigenen Land? Ich bin empört. Nein, das ist noch zu harmlos. Es macht mich wütend. Es schiebt mir die Verantwortung zu. Ich bestehe darauf, dorthin zu gehen, wohin ich will. Und zu jeder Zeit. Ich bestehe darauf, dass der Staat, dass die Sicherheitsbehörden, wer auch immer, mir meinen Lebensraum garantieren wie jedem anderen auch.

»Angst-Orte« gibt es real oder in der Fantasie immer. LGBTQ+-Menschen kennen sie, schwarze Menschen kennen sie, Frauen kennen sie, Muslime kennen sie. Oft sind es die Eltern, die einen davor warnen. Aber Felix Klein als Vertreter des Staates, dessen Aufgabe es ist, für all diese Minderheiten dieselbe Bewegungsfreiheit herzustellen wie für die Mehrheit der Gesellschaft? Wenn der Staat schon so weit geht, diese Warnung auszusprechen, müsste er dann nicht auch dafür sorgen, schnellstens, eigentlich schon vorgestern, sicherzustellen, dass wir Juden uns ganz entspannt auch an diesen Orten aufhalten können?

Diese Orte, so scheint es mir – und deswegen ist der Aufruf nie zurückgenommen worden –, sind immer noch da, und wahrscheinlich sind es noch mehr geworden. Sie sind Realität.

Wenn man sich als Jude also nicht mehr in allen Teilen Deutschlands frei bewegen kann, dann ist unsere wehrhafte Demokratie das Wort nicht mehr wert. Es geht doch um Demokratie und Freiheit für alle. Letztendlich geht es um die Menschenwürde, die unantastbar ist. Die Menschenrechte, die unteilbar sind. Dass alle Menschen gleich sind. Wenn es dies alles gibt, kann ich auch als Jude entspannt in jeder Straße spazieren gehen. Wenn ich das nicht mehr kann, kann es die Mehrheitsbevölkerung bald auch nicht mehr.

Es schien doch möglich

In den 1950er- bis 1970er-Jahren, in der unmittelbaren Post-Nazi-Zeit, in der in allen wichtigen Institutionen Damen und Herren mit brauner Vergangenheit saßen und ihre Berufe ausübten, als Richter, als Staatsanwälte, als Professorinnen, als Lehrer, und dabei *nichts* erzählten, weder aus der Nazizeit noch aus ihren Biografien – den wenigen Überlebenden der Shoah jagten diese Kontinuitäten Angst ein.

Nur 30 000 Jüdinnen und Juden zählte Deutschland bis Anfang der 1990er-Jahre. Menschen wie meine Eltern. Traumatisiert. Verängstigt. Ohne Vertrauen. In ihrem Kopfkino die Filme der erlebten Grausamkeiten und Unmenschlichkeiten in Dauerschleife. Ihr Wunsch: Ruhe. Ihre Sehnsucht: unerkannt bleiben. Ihre Hoffnung: nicht in Gefahr geraten.

Die Repräsentanten des Staates, die bis heute erzählen, was für ein Vertrauensvorschuss es für Deutschland sei, dass jüdisches Leben existiert, versprachen Sicherheit und Respekt. Versprochen gebrochen.

Die jüdische Gemeinschaft wusste damals: Die größte Gefahr ist, von anderen als Juden identifiziert zu werden. Nichts vermieden sie mehr als das. Sie verbrachten ihre freie Zeit mit Menschen, die dasselbe Schicksal erlitten hatten wie sie. Für uns, ihre Kinder, organisierten sie Unterhaltungsprogramme in der jüdischen Gemeinde – alles, damit wir unsere Kindheit und Jugend nur nicht unter Nicht-Juden verbrachten. Es hätte gefährlich sein können da draußen.

Von nichtjüdischen Kindern wurde ich nicht eingeladen. Wenn wir uns trafen, dann immer bei mir zu Hause. Ein Junge sagte einmal zu mir: »Meine Eltern haben Angst vor dir. Sie haben Angst, dass du sie fragen könntest, was sie gemacht haben.«

Die Gesellschaft der jungen Bundesrepublik setzte sich mit ihrer Vergangenheit nicht auseinander. So sah sie auch nicht wach genug hin, wenn Parteien wie die NPD oder die Republikaner auf den Plan traten. Hier eine Hass-Zeitung, die an jedem Kiosk zu kaufen war – die *Nationalzeitung,* die nostalgisch die »gute alte Zeit« verhandelte. Dort der Rechtsterrorismus und immer noch Mandatsträger mit mindestens hellbrauner Vergangenheit. Dann die Politiker, die unregelmäßig, aber verlässlich den falschen Ton wähl-ten. Und nicht zu vergessen eine Justiz, die sich die größte Mühe gab, Mitläufer, Mittäter, KZ-Aufseher und Mörder *nicht* anzuklagen. Von Aufarbeitung konnte man nicht sprechen.

Das Wirtschaftswunder, die Helden der Industrie, die die Fabriken wieder ans Laufen brachten – das Blut der Zwangsarbeiter wurde darüber vergessen. Entschädigt wurde (bis auf wenige, wie zum Beispiel Krupp) bis weit in die 1990er-Jahre kaum jemand. Man wusch die Hände in Unschuld. Wie es offenbar sowieso nur Unschuldige in die-sem Land gab ...

Doch diese Selbsteinschätzung stimmt nicht. Viele der vermeintlich Unschuldigen, von denen wir sprechen, haben sich eigentlich als Opfer empfunden. Daran änderte auch die Rede Richard von Weizsäckers »Zum 40. Jahrestag der Beendigung des Krieges in Europa und der nationalsozialistischen Gewaltherrschaft« wenig, die er am 8. Mai 1985 vor dem Deutschen Bundestag hielt. In dieser Rede hatte er den 8. Mai 1945 den »Tag der Befreiung« genannt und gemahnt: »Wir müssen die Vergangenheit annehmen.«[22]

Die Rede gilt offiziell als Meilenstein in der öffentlichen Auseinandersetzung mit der NS-Zeit in Deutschland. Doch auch noch lange danach fühlten sich viele Deutsche nicht befreit von den Alliierten, sondern unterstellten, Deutschland sei *besetzt* worden.

Schuld waren die anderen. Immer die anderen. Und unter den anderen immer der Jude. Hinter vorgehaltener Hand wurde gesagt: »Hätte es keine Juden gegeben, hätten wir Auschwitz nicht bauen müssen.« Sie werden uns Juden nie verzeihen, dass sie Auschwitz bauen mussten.

Wissenschaftler sprechen von einem »neuen Antisemitismus«, von einem »sekundären Antisemitismus« als Reaktion auf die Shoah: »Der offene Antisemitismus war durch den Massenmord in Verruf geraten und tabuisiert, doch das Ressentiment wendete sich nun gegen die Schuldgefühle, relativierte die Verbrechen oder setzte gern Opfer und Täter gleich.«[23]

Und da ist auch noch Israel. Der Staat Israel wurde am 14. Mai 1948 gegründet, an dem Tag, als das britische Mandat über Palästina endete. An diesem Tag rief der erste Ministerpräsident Israels, David Ben Gurion, die Unabhängigkeit des Staates aus. Die Vereinten Nationen spielten dabei eine wichtige Rolle. Schon am 29. November 1947 hatte die UN-Generalversammlung die Resolution 181 verabschiedet, die die Teilung Palästinas in einen jüdischen und einen arabischen Staat vorsah. Während die jüdische Seite die Resolution akzeptierte, lehnten die arabischen Staaten sie ab. Die israelische Unabhängigkeitserklärung führte zu einem Angriffskrieg der arabischen Nachbarstaaten, die versuchten, die Gründung Israels zu verhindern. Trotz dieser Anfechtungen und des Krieges konnte Israel seine Unabhängigkeit behaupten.

Der Staat Israel ist eine Demokratie, keine Diktatur. Als die Regierung Netanjahu den Rechtsstaat umbauen wollte, demonstrierten Woche für Woche 250 000 Israelis für Demokratie und Rechtsstaat. Wenn man das auf die deutsche Bevölkerung umrechnet, sind das 2,5 Millionen Menschen. Ich wäre schon froh, wenn es 10 000 wären, die für die Würde des Menschen auf die Straße gingen. Jeder kann und darf die israelische Regierung kritisieren. Das tun die Israelis ja auch. Ich halte die Regierung Netanjahu für äußerst problematisch. Sie ist rechtsextrem. Ich wünsche mir, dass sie bei den nächsten Wahlen abgelöst wird. Das kann jeder in Deutschland sagen. Das ist nicht antisemitisch.

Wenn man diese Regierung und Israel aber mit Nazi-Deutschland vergleicht, überschreitet man eine rote Linie. Wenn man versucht, die Taten der Israelis mit denen der Deutschen in der Nazizeit zu vergleichen, dann hat man entweder nichts aus der Geschichte gelernt, oder man will die Geschichte so verdrehen, dass man sich als Deutscher entlastet fühlt. Wäre Nazi-Deutschland so gewesen, wie Israel heute ist, wären in Auschwitz keine Juden vergast worden.

Jede israelische Regierung ist genau so zu kritisieren wie eine deutsche oder eine französische. Es geht nicht um das *Ob*, sondern um das *Wie*. Als viele von uns Donald Trump kritisierten, gab es auf deutschen Straßen keine Parolen wie »Amerika zerstören« oder »Die USA müssen weg«. Wer seine Vernichtungsfantasien mit der Parole »Israel muss weg« untermauert, ist ein Antisemit. Und diese Vernichtungsfantasien sind immer mehr auf dem Vormarsch.

Nachdem die Hamas, unterstützt von Iran, über tausend Menschen bestialisch ermordete und über zweihundert unschuldige Menschen als Geiseln nahm, hatte Israel, wie jedes andere Land auch, das völkerrechtlich unbestreitbare Recht, sich zu verteidigen. Dass bei dieser Verteidigung viele palästinensische Zivilisten und Kinder ums Leben gekommen sind, ist eine furchtbare Katastrophe. Ich beweine jedes dieser Opfer.

Wenn die Hamas Menschen als Schutzschilde missbraucht, dann ist die Hamas verantwortlich und schuldig für dieses Unglück. Ich wünsche mir, dass sich die Palästinenser von der Hamas befreien und ihr Schicksal selbst in die Hand nehmen.

Richtig ist, dass die Verteidigung Israels verhältnismäßig bleiben muss. Bei dem Land handelt es sich um die einzige Demokratie im Nahen Osten, die für alle Bürgerinnen und Bürger ein freies Leben garantiert. Ich möchte die Feministinnen, die Israel kritisieren, fragen, ob sie heute lieber in Teheran leben würden oder in Tel Aviv. Ich möchte Menschen aus der LGBTQ*-Gemeinschaft fragen, ob sie sicherer in Riad leben können oder in Tel Aviv. Ich möchte Menschen fragen, die schreiben, die malen, die Musik machen oder Theater spielen, ob sie sich freier in Kairo entfalten können oder in Tel Aviv. Ich möchte Journalistinnen fragen, ob sie ihrem Wunsch nach freier Berichterstattung besser in Aman nachgehen können oder in Tel Aviv. Ich möchte diejenigen, die den Terrorismus der Hamas oder der Hisbollah unterstützen, fragen, wie sie Terrorismus legitimieren.

Und nun noch ein Wort an alle, die den Kolonialismus zu Recht verurteilen und erwarten, dass die Kolonialländer endlich ihrer Verantwortung gerecht werden: Ich halte den Versuch, Opfergruppen zu priorisieren, für fatal. Alle haben das gleiche Recht, gehört zu werden, eine Entschuldigung zu erhalten und für das zugefügte Leid entschädigt zu werden. Aber alle kolonialistischen Realitäten sind in einem existenziellen Punkt nicht vergleichbar mit der Shoah: Die Shoah war der Versuch eines Staates, Juden auf der ganzen Welt zu töten, nur weil sie Juden waren. Und das Ziel war, die Welt »judenfrei« zu machen.

Keine Kolonialmacht hatte je einen vergleichbaren Plan. Im Gegenteil. Sie wollten Menschen ausbeuten, zum Teil versklaven, aber sie nicht massenhaft töten, weil sie zum Beispiel Inder waren. Sie wollten Länder ausbeuten, aber nicht vernichten. Sie waren rechtsbrüchig, verbrecherisch, sie haben geplündert. Es war der absolute Vernichtungswille der Nazis, der alles andere Unrecht in dieser Welt damit unvergleichbar macht.

Und doch setzte sich jüdisches Leben in Deutschland fort. Die jüdische Generation der um die 40-Jährigen ist die emanzipierteste Generation, seit es wieder jüdisches Leben in Deutschland gibt. Sie sind die Ersten, die ganz selbstverständlich zu ihrer jüdischen Identität stehen; die ihre Kinder wie selbstverständlich jüdisch erziehen und in der nichtjüdischen Welt ihre Verortung finden; die ganz selbstverständlich mit ihren nichtjüdischen Freunden nach Israel in den Urlaub gereist sind; die sich ganz selbstverständlich als Deutsche empfinden. Oder muss man sagen: empfunden haben?

Die große Veränderung in der jüdischen Gemeinschaft war, als die Kontingentflüchtlinge in den 1990er-Jahren aus der ehemaligen Sowjetunion nach Deutschland gekommen waren.

Nicht nur sie, sondern viele andere aus meiner Generation wollten nicht die Geduldeten, die Dankbaren, die Stillen, die Widerspruchslosen sein. Wir wollten, wenn wir denn schon in der Diaspora und erst recht in Deutschland lebten, unter unseren vielen Identitäten auch die jüdische nach außen leben, so wie alle anderen auch ihre Identitäten lebten.

Ein Katholik machte sich keine Gedanken darüber. Ich wollte mir auch keine machen. Ich trug also meinen Davidstern. Gegen den Willen meiner Eltern. Gegen ihre Angst. Vielleicht auch gegen meine Angst.

Nicht um mich demonstrativ nach außen als Juden zu kennzeichnen. Meist lag er sowieso unter einem Pullover oder T-Shirt. Sondern um den Versuch zu unternehmen, das zu tun, was alle anderen auch tun – nämlich einen Teil meines Ichs anzunehmen. Nicht mehr und nicht weniger.

Es dauerte nicht lange, bis ich merkte, dass dieser äußere Akt nur möglich war, weil ich eine innere Entscheidung getroffen hatte: Ich wollte testen, überprüfen, inwieweit ich auch als Jude alles tun konnte, was Kinder, Jugendliche, Erwachsene tun, ohne dass ich von außen auf mein Judentum zurückgeworfen wurde oder gar dem direkten Judenhass in die Augen sehen musste. Ich wollte wissen, ob sich bei uns Jüngeren etwas verändert hatte.

Ich wurde Schulsprecher, ich engagierte mich im Vorstand der jüdischen Gemeinde, ich wurde Stadtverordneter in Frankfurt, ich wurde Mitglied im Direktorium, im Präsidium des Zentralrats der Juden in Deutschland, ich war Vizepräsident und schließlich Präsident des Europäischen Jüdischen Kongresses. Ich arbeitete als Journalist, moderierte zwei politische Talkshows pro Woche, drehte Reportagen, mischte mich politisch ein. Ja: Ich hatte Hoffnung.

Viele von uns hatten trotz erheblicher Rückschläge das Gefühl, dass ein selbstverständlicheres jüdisches Leben in Deutschland, wenn auch sehr langsam, mit dem weiteren Wechsel der Generationen möglich sein würde. Spätestens in den 1990er-Jahren verstärkte sich dieses Gefühl, zumal Hunderttausende Jüdinnen und Juden aus der ehemaligen Sowjetunion kamen. Sie erneuerten die jüdischen Gemeinden, und eine große Zahl junger Menschen sorgte dafür, dass das jüdische Leben vielfältiger wurde. Auch damals gab es latenten und manifesten Antisemitismus, brutalen Rassismus: die Morde von Mölln, Solingen, Rostock, Hoyerswerda, die hässliche Fratze der rechtsextremen Rassisten und Judenhasser des NSU. Und doch lag Hoffnung in der Luft.

Vielleicht wegen der Wiedervereinigung nach dem Zusammenbruch der Sowjetunion. Möglicherweise war es die Illusion, dass der Krieg, die direkten Konfrontationen der Weltmächte, nun der Vergangenheit angehörte, jedenfalls in Europa. Und dass alle bereit waren, trotz aller Gegensätze ein Miteinander aufzubauen.

Andererseits musste man feststellen, dass auch Menschen aus der ehemaligen DDR ihren Judenhass mitbrachten. Verbunden mit dem Narrativ, die DDR sei das antifaschistische Deutschland. Sie entledigte sich jeglicher Verantwortung, weil es die Republik »der guten Deutschen« war. Doch Rassismus und Antisemitismus waren in Ostdeutschland genauso Alltag wie in Westdeutschland. In Westdeutschland wurde allerdings spätestens seit Ende der 1970er-Jahren öffentlich darüber gestritten, diskutiert, ein Fenster zur Wahrheit geöffnet.

In den jüdischen Gemeinschaften wurde das Prinzip der Öffnung zum Leitmotiv. Alle Gemeinden luden die nichtjüdische Gesellschaft zu Lesungen, Kulturveranstaltungen aller Art ein, und viele kamen. Die Jugendlichen um das Jahr 2000 emanzipierten sich auf eine Art und Weise, die man kaum erwartet hatte. Sie genossen ihre Freiheit, lernten und studierten in der Welt, kamen zurück, hatten jüdische und nichtjüdische Freunde, das Selbstverständnis war geprägt von der Hoffnung: Es ist möglich.

Doch parallel zu unseren Hoffnungen krochen die Antisemiten aus allen Löchern. In Ost- und in Westdeutschland. In ganz Europa.

Das Gerücht

Adorno liefert die kürzeste Definition von Antisemitismus: »Das Gerücht über die Juden.«[24] Dieses verfluchte Gerücht! Es ist zum kulturellen Gedächtnis geworden und wirkt bis heute nach. Gerüchte sind schleimig. Will man sie packen, glitschen sie weg. Will man klarsehen, trüben sie den Blick und lassen einen unbefriedigt zurück. Alle Stereotype über Juden sind Gerüchte. Die Kirchen haben das Gerücht von der Ermordung Jesu durch die Juden bewusst in die Welt getragen. Fürsten, Könige, Kaiser haben bewusst das Gerücht in die Welt gesetzt, dass die Juden »geldgierig« seien, um sie zu töten, nachdem sie sich Geld von Juden geliehen hatten und es nicht zurückzahlen konnten.

Das Gerücht von der jüdischen Weltherrschaft, dass Juden die Strippenzieher seien, ist so grundsätzlich und abstrakt, dass es jederzeit und von jedem als Pseudo-Argument benutzt werden kann. In unserer Gegenwart haben wir es bei Demonstrationen der Querdenker wieder auf deutschen Straßen gehört. In Ungarn bediente sich Ministerpräsident Orbán dieses Narrativs, als er George Soros als reichen, allmächtigen Juden karikierte. In den sozialen Medien stößt man auf Äußerungen, die die Bankiersfamilie Rothschild als Sündenbock für das Leid aller Menschen in dieser Welt verantwortlich machen. Gerüchte – eigentlich könnte man sagen »Lügen« – kann man schwer entkräften. Sie tauchen immer wieder auf.

Übrigens: Die sogenannten Protokolle der Weisen von Zion – ein Pamphlet, das das Narrativ der jüdischen Weltverschwörung ausschlachtet – verkaufen sich weltweit und gehören zu den erfolgreichsten Büchern der Welt. In Syrien und in Ägypten liefen dazu sogar politische Soap-Operas, und das im Staatsfernsehen. Dabei sind diese »Protokolle« nichts als Fake. Sie sind eine vom zaristischen Geheimdienst verbreitete Fälschung, die im Jahr 1903 erschien, immer wieder nachgedruckt wurde und bis heute in der Charta der Hamas zitiert wird.[25]

Auch ich kenne die Konfrontation mit diesen Gerüchten. Meine erste Begegnung mit Antisemitismus war, als ich einen Mitschüler nicht abschreiben ließ. Nicht, weil ich ein Streber war, sondern weil ich den Jungen nicht mochte. Er begrüßte mich auf dem Schulhof mit »Scheißjude«. Daraufhin habe ich ihm eine Ohrfeige gegeben – das erste und einzige Mal, dass ich einen anderen Menschen geschlagen habe. Am Abend rief sein wütender Vater meinen Vater an, er würde das der Schulbehörde melden, dem Jugendamt, er würde Anzeige erstatten. Er schrie ins Telefon: »So seid ihr Juden!«

Mein Vater war sprachlos. Ich nahm den Hörer in die Hand und sagte: »Wenn Sie wissen, wie wir Juden eben sind, dann sollten Sie das lieber alles lassen. Denn schließlich haben wir die Macht in dieser Welt. Wollen Sie das wirklich kennenlernen?« Und knallte den Hörer auf die Gabel. Wir haben nie wieder etwas von dieser Familie gehört.

Als 1967 mehrere arabische Armeen Israel angriffen, scheiterten und den Krieg verloren, war ich elf Jahre alt. Ich wurde zum Bäcker geschickt, und der Bäcker sagte zu mir: »Das habt ihr gut gemacht! Hätte Rommel nur so gut mit Panzern umgehen können!« Ich verstand gar nichts, denn ich konnte nicht einmal mit Spielzeugpanzern etwas anfangen. Als ich nach Hause kam und es meinen Eltern erzählte, erklärten sie mir den Zusammenhang.

Wenn es um Israel geht, werde ich als deutscher Jude bis heute so angesprochen, als wäre ich auch Israeli. Das bin ich nicht. Ich bin Deutscher. Auch Bundesminister und andere Amtsträger taten das, wenn zum Beispiel ein israelischer Ministerpräsident oder Staatspräsident zu Besuch kam. Wie oft habe ich die Frage gehört, wie ich »meinen« Präsidenten denn fände. Ich tat dann häufig überrascht und antwortete: »Ich finde meinen deutschen Präsidenten ganz gut.« Genau das ist es, das Gerücht, dass Juden in Wirklichkeit Israelis sind, die ihrem eigenen Land nicht treu sind, sondern im Herzen Verräter.

Und wie oft wurde mir gerade in der Finanzkrise 2008 versichert, dass man kein Antisemit sei, »aber« ...: »Aber wenn man darüber nachdenkt und die Namen Lehman, Goldman, Rothschild hört, muss man doch zugeben, dass es jüdische Banken waren, die diese Krise verursacht haben.« Nach dem Motto: Alles, was mit Geld zu tun hat, ist jüdisch. Jeder Versuch, zu ergänzen, dass auch die Deutsche Bank, die Bank of America, die Banque Nationale de Paris und viele andere, die nicht in jüdischem Besitz sind, mitgespielt haben, wurde mit einem Lächeln abgetan, à la: Die gehören doch eigentlich auch Juden!

Wie heuchlerisch. Welche Doppelmoral. Es ist immer der gleiche Reflex: Sobald es einen Sachverhalt gibt, an dem ein Jude beteiligt ist, wird dieser Fall in die Kategorie »Gerücht über den Juden« eingeordnet. Und wie oft habe ich dann erlebt, dass, wenn sich ein Jude über einen antisemitischen Vorfall beschwerte, die Blicke der anderen sagten: »Jetzt stell dich nicht schon wieder in den Mittelpunkt. Als Opfer. Typisch jüdisch.«

Wie oft habe ich erlebt, dass man mir »Übersensibilität« vorwarf, wenn es um Diskussionen über Minderheiten oder Juden ging. Da ich als Migrant erst im Gymnasium Deutsch gelernt habe, habe ich mich sehr bemüht, diese Sprache zu beherrschen. Deshalb sagte ich: »Das Wort ›untersensibel‹ habe ich noch nie gehört. Wenn es dieses Wort nicht gibt, gibt es auch keinen ›Übersensiblen‹. Entweder ist man sensibel oder nicht. Wenn Sie mir das vorwerfen wollen, dann nehme ich es als Kompliment.«

Besonders erschüttert war ich, als ich nach der Schule im Geschäft meines Vaters war und ein Geschäftspartner zum Abschied sagte: »Eines muss man euch Juden lassen. Wenn es ums Geschäft geht, seid ihr die Schlauesten. Aber ich liebe dich, deshalb nehme ich das in Kauf.«

Mein Vater antwortete nicht. Ich war wütend, ich war erschüttert, und doch hatte ich auch Verständnis: Ich kannte seine Angst. Vielleicht hat ein Mensch, der die Shoah überlebt hat, keine Lust mehr, sich mit solch banalen Aussagen auseinanderzusetzen? Aber muss ein Mensch, der die Shoah überlebt hat, sich nicht erst recht mit solchen Aussagen auseinandersetzen und dem Urheber dieser schrecklichen Bemerkung deutlich machen, was er gerade gesagt hat?

Ich war der Meinung, mein Vater hätte ihn einfach rauswerfen sollen. Zumindest hätte er sagen können: »Wie bitte? Was sagst du da?« Ich glaube, das war einer der Momente, da ich beschlossen habe, nicht zu schweigen. Niemals zu schweigen. Nicht nur, wenn Juden diskriminiert und beleidigt werden.

Wie oft habe ich mit Menschen über Judentum und Judenhass diskutiert und festgestellt, dass meine Gesprächspartner in ihrem Leben keinem einzigen Juden begegnet sind. Ich musste an Jean-Paul Sartre denken: 1944 hatte er seinen Essay *Überlegungen zur Judenfrage* verfasst. Sartre, selbst kein Jude, hatte aus Furcht, missverstanden zu werden, seinen Text zunächst nicht publizieren wollen – ließ sich von jüdischen Intellektuellen dann aber doch überzeugen und veröffentlichte seine Gedanken 1946: »Der Antisemit [...] ist ein Mensch, der Angst hat. Nicht vor den Juden natürlich: vor sich selbst, vor seinem Bewusstsein, vor seiner Freiheit, vor seinen Trieben, vor seinen Verantwortlichkeiten, vor der Einsamkeit, vor der Veränderung, vor der Gesellschaft und vor der Welt; vor allem, außer vor den Juden. Er ist ein Feigling, der sich seine Feigheit nicht eingestehen will; ein Mörder, der seine Mordlust verdrängt oder zensiert, ohne sie zügeln zu können, und der trotzdem nur *in effigie* oder in der Anonymität einer Menge zu töten wagt; ein Unzufriedener, der sich nicht aufzulehnen wagt aus Angst vor den Folgen seiner Auflehnung.«[26]

Für den Antisemiten ist der Jude die notwendige Projektionsfläche für seine eigene Angst. *Si le juif n'existait pas, l'antisémite l'inventerait*, schreibt Sartre. »Wenn es den Juden nicht gäbe, würde ihn der Antisemit erfinden.«[27]

Brief an die Christen

Machen wir uns nichts vor. Das, was ich Ihnen zu sagen habe, ist schmerzhaft. Ich werde oft gefragt: Woher kommt denn dieser Antisemitismus? Und ich muss sofort an Sie denken. Ich muss daran denken, dass die katholische Kirche, kaum dass sie gegründet worden war, die Ermordung des Juden Jesus – wir sollten heute viel öfter vom Juden Jesus sprechen – den Juden angeheftet hat.

Die Aussage, die Juden hätten Jesus ermordet, wurde tatsächlich erst 1965, im Zweiten Vatikanischen Konzil, verworfen. Dieser Schritt markierte zwar einen wichtigen Wandel in der Haltung der katholischen Kirche gegenüber dem Judentum und trug zur Förderung des interreligiösen Dialogs bei – doch das Gerücht hält sich hartnäckig. Es war und ist geeignet, das Judentum zu stigmatisieren, ja: zu verteufeln, zum Inbegriff des Bösen zu machen. Wer Gottes Sohn tötet, muss der Teufel sein. Und so schrieben die Christen über Generationen diese Lüge in das Gedächtnis der Menschen ein, verbündeten sich mit der weltlichen Macht, die ihrerseits die Juden ausbeutete, die immer weniger leben und arbeiten durften. Sie machten sie zu Geldverleihern, da sie als Christen keine Kredite und Zinsen zahlen oder annehmen durften. Wenn sie aber nicht zahlen wollten oder konnten, veranstalteten sie – so ist es belegt für das ganze Hochmittelalter – eine Vertreibung oder ein Pogrom. Diese waren legitimiert und legalisiert. Das ist der

Grund, warum zu dieser Zeit ein Großteil der in deutschen oder westeuropäischen Ländern lebenden Juden nach Polen und Russland auswanderte.[28]

Der christlich-religiöse Antisemitismus schaffte über Jahrhunderte, fast über zwei Jahrtausende einen Sündenbock, einen »Teufel«, den man bändigen musste. Umso mehr, als die meisten Juden sich nicht missionieren lassen wollten. Eine ungeheure Provokation für die machtvolle Kirche, die in dieser Zeit das Geschäftsmodell der Mission benutzte, um die Welt mit ihrem Glauben zu erobern.

Wo immer sie waren, erzählten sie die Geschichte vom Jesusmord weiter. Und so verbreitete sie sich weltweit. Jeder Christ hatte ein Bild vom Juden. Das allerschlimmste, das man nur haben konnte. Auch der Protestantismus, der sich von vielen Traditionen des Katholizismus löste, behielt interessanterweise auf seine Art den Judenhass in seinen Erzählungen bei.

Wer Luthers Schrift *Von den Juden und ihren Lügen* (1543) liest, erschrickt über die Wut. Über den Hass, über die sprachliche Gewalt, die in seinen Worten steckt: »Kein blutdürstigeres und rachgierigeres Volk hat die Sonne je beschienen, als die sich dünken lassen, sie seien darum Gottes, dass sie sollen die Heiden morden und würgen.«[29] Und das sind nur die ersten Zeilen … Anschließend sinniert er über die Zerstörung der Synagogen und Wohnungen, über Reiseverbote und Enteignung, über Zwangsarbeit und Vertreibung.

Nur wenige Jahrzehnte ist es her, dass die evangelische und die katholische Kirche, wenn auch nicht immer konsequent und auch nur zögernd, gegen ihre eigene Erzählung angingen. Und doch ist dieses Vorurteil immer noch fest im kulturellen Gedächtnis verankert.

Das also ist mit dem »Gerücht über die Juden« gemeint, das Adorno angesprochen hat. Es ist tief im Gedächtnis hinterlegt, und es wird immer wieder aus dem Unbewussten aktiviert. Aber ein Gerücht wird nicht zur Wahrheit, nur weil man es als Wahrheit empfindet. Es bleibt ein Gerücht. Gerüchte sind ekelhafte und gefährliche Lügen. Eine rabbinische Geschichte beschreibt die zerstörerische Wirkung von Gerüchten so:

In einem kleinen Dorf in Polen, Ende des 19. Jahrhunderts, ruft der Rabbiner die Klatschtante des Ortes zu sich und sagt ihr, sie solle am nächsten Tag mit einem Federkissen auf das Dach des höchsten Hauses steigen. Sie tut wie befohlen, steht dann vor dem Rabbiner und fragt: »Was jetzt?«

Der Rabbiner gibt ihr eine Schere und sagt: »Schneide das Kissen auf, verteile alle Federn.«

Gesagt, getan. »Und jetzt?«

Der Rabbiner sagt: »Jetzt sammle alle Federn ein und stopfe sie wieder in das Kissen hinein.«

»Das geht nicht, sie sind doch mittlerweile in alle Himmelsrichtungen verteilt.«

»Genau so ist es mit deinem Klatsch und mit deinen Gerüchten. Man bringt sie nie wieder aus der Welt zurück, ebenso wenig wie die Federn wieder hinein in dein Kissen.«

Erinnerungskultur

Die einzige Erinnerungskultur, die es wirklich gibt, ist die des Gerüchtes, das Jahrhundert für Jahrhundert, Generation für Generation weitergegeben wird, bis heute. Das kulturelle Gedächtnis reagiert, wenn das Wort »Jude« fällt. Gegen Gerüchte kann man nicht argumentieren, genauso wenig wie über Gefühle.

Wir konstruieren die Welt, in der wir leben, aus den Urteilen und Vorurteilen, die wir als kleine Kinder von allen Menschen, mit denen wir Kontakt hatten, übernehmen. Diese Konstruktion entsteht aus den Meinungen und Vorurteilen dieser Menschen. Will man den Gerüchten mit Mitteln der Aufklärung, der Vernunft und des Verstandes begegnen, muss man bereits im frühesten Alter, auf jeden Fall aber in der Schule, diesen Mechanismus bearbeiten. Man muss den Kindern Instrumente in die Hand geben, die Gerüchte zu dekonstruieren, zu hinterfragen, damit sie sich so weit wie möglich eine eigene Meinung bilden können.

Wenn es überhaupt eine Möglichkeit gibt, Gerüchte langfristig zu entkräften, dann nur, wenn eine Gesellschaft dies als das primäre Bildungsziel anerkennt. Dass wir immer noch nicht strukturell daran arbeiten, dass Vorurteile, auch die antisemitischen, methodisch infrage gestellt und Kinder fürs Leben befähigt werden, Vorurteile zu überprüfen, die von außen und innen an sie herangetragen werden, ist nicht nur skandalös, sondern es zeigt, wie oberflächlich der Kampf gegen den Antisemitismus und Rassismus betrieben wird. Und wie oberflächlich und nachlässig Politiker und Politikerinnen zwar den Anspruch bei Sonntagsreden vor sich hertragen, aber viel zu wenig getan haben.

Geht man von den von Aleida Assmann geforderten Voraussetzungen[30] aus, entsteht eine Kultur durch das kommunikative Gedächtnis. Das heißt: Drei Generationen, Großeltern, Kinder und Enkel, verhandeln zu Hause historische, politische und kriegerische Ereignisse anhand der Geschichten der eigenen Familie.

Die meisten derjenigen, die im Nationalsozialismus junge Erwachsene waren, haben geschwiegen. Sie haben ihren Kindern nichts erzählt. Manchmal aber haben sie ihnen Lügen erzählt, dass sie mit alldem nichts zu tun hatten. Manche erzählten auch von einem Juden, den sie im Keller versteckt hätten. Sicherlich haben das einige getan. Aber nicht so viele, wie es behaupteten, sonst hätten noch viel mehr Juden die Shoah überlebt. Und nicht wenige haben berichtet, dass die Juden an allem schuld seien. Oder dass sie von Auschwitz nichts gewusst hätten. Und dann gab es die wenigen, die es dann doch taten: erzählen, einordnen, bedauern. Ansonsten: Schweigen.

Auf die Straße zu gehen und sich demonstrativ gegen das Schweigen zu positionieren, war eine wichtige emanzipatorische Leistung. Nicht viele waren dazu fähig. Die Achtundsechziger waren nicht die große Mehrheit dieser Generation, sondern die Minderheit. Für alle gilt: Um das kommunikative Gedächtnis zu stärken, muss man zu Hause diskutieren.

Geschichte ist immer Familiengeschichte. Natürlich hilft es, wenn man dann irgendwann in der Schule erfährt, was Deutsche, vielleicht auch die eigenen Eltern und Großeltern, getan haben könnten – oder getan haben. Vermutlich hatten viele meiner Schulfreunde Fantasien, was ihre Eltern getan oder unterlassen hatten, die weit über das Tatsächliche hinausgingen.

Diese Kinder – heute vielleicht um die 65 bis 75 Jahre alt –, die in einem eisigen Schweigen aufgewachsen sind, in einem Kollektiv des Schweigens, in dem auch ihre Lehrerinnen und Lehrer geschwiegen haben, hatten also nie die Chance zu erfahren, was ihre Eltern getan oder nicht getan haben, wie sie sich dabei fühlten, was sie dachten. Aber genau das ist das Prinzip des kommunikativen Gedächtnisses. Die Generationen erzählen sich, was sie taten, was sie fühlten, was sie erlebten.

Das kommunikative Gedächtnis dieser drei Generationen ist also unzureichend. Es ist nicht gelungen, ein kulturelles Gedächtnis zu entwickeln, das krisenfest wäre, das nicht mit dem kleinsten Luftzug versagt. Es ist nicht gelungen, ein kulturelles Gedächtnis zu schaffen, auf das sich die jüdische Gemeinschaft verlassen könnte. Das »Wehret den Anfängen« wurde nicht wirklich verinnerlicht. Stattdessen gab es politisch eher symbolische Aufarbeitungen der Nazizeit.

Gleichzeitig muss man von den vielen sprechen, die es versucht haben, die es weiterhin versuchen. In vielen Kulturinstitutionen wie zum Beispiel der Deutschen Nationalbibliothek, wo sich das Deutsche Exilarchiv befindet, oder in jüdischen Museen und vielen weiteren Orten ist das sichtbar.

Die Rolle der Justiz, der Universitäten, der Politik, der Staatsanwaltschaften, vieler Großunternehmen (heute im DAX), die Rolle der Kirchen, die Rolle so vieler im Nationalsozialismus ist erst in den letzten Jahren aufgearbeitet und wissenschaftlich analysiert worden. Die Ergebnisse: verheerend. Ob BND, Parteien, Polizei oder Justiz. Es existiert eine fließende Kontinuität vom »Dritten Reich« in die Bundesrepublik. Die Elite bestand aus denselben Leuten, die zuvor meist furchtbare Entscheidungen getroffen hatten.

Nicht einmal 0,5 Prozent der in den Konzentrationslagern an den Massenmorden Beteiligten wurden vor Gericht gestellt. Umso mehr Aufmerksamkeit erregte der Frankfurter Auschwitz-Prozess, der nur möglich war, weil er im Vorfeld an etlichen demokratischen Strukturen vorbeiorganisiert wurde, damit keine Behörde den Prozess verhindern konnte.[31] Aber danach? Schweigen.

Der Bundesgerichtshof entschied, die Haupttäterschaft sehr eng zu fassen. Darüber hinaus interpretierte er die Kausalität des Organisationsprogramms des Konzentrationslagers so, dass nicht jeder, der dort war, auch an der Ermordung beteiligt war. Das ermöglichte vielen dieser Mittäter jahrzehntelang ein ruhiges Leben. Erst in den 2000er-Jahren, als sie schon zu alt waren, änderte sich die juristische Haltung. Mit dem ersten Verurteilten, John Demjanjuk, ein Ukrainer (kein Deutscher!), änderte sich die Rechtsprechung. Seitdem werden Greise vor Gericht gestellt. Sie sind in der Regel über neunzig Jahre alt. Ist das richtig? Ja, das ist richtig.[32]

Denn es geht nicht um Rache, sondern um Gerechtigkeit. Und sie haben trotz ihrer Verbrechen weitergelebt, während ihre Opfer schon Jahrzehnte zuvor in den Krematorien verbrannt wurden. All das zeigt, dass die Beteuerung, man habe sich der Verantwortung gestellt und eine Erinnerungskultur aufgebaut, absurd ist.

Als die Enkelkinder kamen – die heute zwischen 35 und 45 Jahre alt sind –, wurde einiges besser, einiges klarer. Ihre Eltern konnten ihnen, wenn überhaupt, nur Wissen vermitteln, konnten anerkennen, dass Auschwitz eine deutsche Erfindung, eine deutsche Massenmordanstalt war. Sie konnten aber keine Antworten darauf geben, was die Groß- und Urgroßeltern damals erlebt und getan haben, weil sie selbst darauf keine Antworten bekommen hatten. Vielleicht ein paar Striche hier und da. Hier und da ein paar Legenden. Aber das Schweigen blieb.

Interessant ist, dass Zeitzeugen, um die man sich bemühte – auch und gerade in Schulen, auch und gerade im Bundestag –, meist jüdisch waren. Die Perspektive der Opfer ist unverzichtbar. Sie ist authentisch. Sie erzählt vom Leid. Von Entmenschlichung. Von der Beinahe-Unmöglichkeit, weiterzuleben.

Aber wären nicht mindestens ebenso wichtig die Zeitzeugen gewesen, die in der Rolle der Täter der jungen Generation hätten erklären können, wie sie sich selbst verstrickt hatten, wie sie in ihrem Judenhass verblieben sind, wie sie die Voraussetzungen für den Endpunkt der Gewalt, Auschwitz, mitgeschaffen haben? Warum sie jüdische Geschäfte zerstörten und Juden schlugen? Warum sie zusahen, lachten und brüllten, als am 9. September 1938 die Synagogen brannten? Warum die Lokführer der Deutschen Reichsbahn Juden in die Konzentrationslager fuhren, mit leeren Zügen zurückkehrten und sich nicht darum scherten, wo diese Menschen geblieben waren?

Verwaltungsbeamte drückten Stempel auf Papier und wussten, dass dies Todesurteile waren. Richter trennten Paare, die sich liebten, nach den Rassengesetzen. Ein bekannter Ministerpräsident der Bundesrepublik Deutschland sagte noch in den späten 1970er-Jahren: Was damals Recht war, könne heute nicht Unrecht sein. Er bewies damit, dass er auch Jahrzehnte später nichts begriffen hatte.

Diese Geschichten hätten jungen Menschen gezeigt, wie empfänglich wir alle sind, wenn Populisten und Vereinfa-

cher an die politische Macht kommen und uns einen Sündenbock präsentieren, der für alle Probleme und Sorgen
verantwortlich ist: der Jude.

Ist es die »Unfähigkeit zu trauern« (Alexander und Mar-
garete Mitscherlich), ist es die »Banalität des Bösen« (Hannah Arendt), sind es wir Menschen, die abschalten wollten
oder mussten, als wir sahen, was der Mensch (der Deutsche) dem Menschen (dem Juden) antun konnte? Und ist es
diese über Jahrzehnte und Generationen abgeschaltete Empathie, die zu einer solchen Gefühlskälte geführt hat, dass
man sich nach dem 7. Oktober mit allen möglichen Menschen mitfühlend solidarisieren kann, nur nicht mit den Juden?

Könnte es also sein, dass dieses Schweigen einfach Ausdruck der Gleichgültigkeit gegenüber den Juden ist? Und
dass diese Gleichgültigkeit das Ergebnis einer emotionalen
Reaktion ist, die seit Jahrzehnten viele, die nicht mit ihren
Eltern, Großeltern oder Urgroßeltern gesprochen haben,
vermeintlich entlastet?

Man hat nicht gesprochen, man hat geschwiegen, um jede Emotion zu vermeiden, die mit der Vernichtung der Juden in Verbindung gebracht werden könnte. Um es abzu-
trennen. Um, wenn überhaupt, auf einer intellektuellen
Ebene darüber nachzudenken, in einer eleganten Neutrali-
tät, um so den Schutzschild der Gleichgültigkeit nicht zu
gefährden.

Manchmal frage ich mich in diesen Tagen, was für jüdisches Leben bedrohlicher ist: die Gewalt der wenigen?
Oder die Gleichgültigkeit der vielen? Heißt es deshalb immer noch »Wir stehen an eurer Seite«? Statt zu versichern:
»Wir stehen gemeinsam«, wird von der Solidarität mit den
Juden gesprochen. Das ist wieder eine Exklusion, eine Ausgrenzung, und das ist politisch gefährlich für die gesamte

Demokratie, für den gesamten Rechtsstaat. Denn wenn es nicht als Problem aller gilt, wenn eine Gruppe in der Gesellschaft bedroht ist, sondern als Problem dieser Gruppe, dann findet eine doppelte Entsolidarisierung statt. Die erste führt dazu, dass diese Gruppe überhaupt angegriffen werden kann. Die zweite bedeutet, dass sie nicht sicher sein kann, dass der Angriff auf sie als Angriff auf alle verstanden – und gemeinsam abgewehrt wird.

Wenn es also eine Erinnerungskultur gäbe, dann gäbe es auch ein Verstehen und Fühlen. Ein Mitgefühl für das, was wir, die Zeugen unserer Zeit, seit Jahren und Jahrzehnten erleben. Wir würden unsere konkreten Erlebnisse einordnen können dank und mit einer Erinnerungskultur, die uns doch erzählt haben müsste, wie alles einmal angefangen hat und weiterging, weil die meisten zusahen und es wussten; weil Menschen nichts gefühlt und nichts getan haben und es so zu Auschwitz kam.

Mit dem Sterben der Zeitzeugen wächst die Notwendigkeit einer wirklichen Erinnerungskultur. Darum bemühen sich viele und leisten dabei Großartiges, vor allem die Jüngeren. Ob Stolpersteine oder Forschungsprojekte über die Straße, das Dorf, den Ort, wo Juden lebten, die verschwanden und nie wieder zurückkehrten. Eine Erinnerungskultur entsteht dadurch noch lange nicht.

Hätte man genauer hingeschaut, ich meine wirklich: genauer und beizeiten, dann wären die heutigen Deutschen erschüttert über die Millionen von jüdischen Menschen, die von Nazis gequält worden sind, erschossen, die verhungert sind. Sie hätten Empathie für die ermordeten jüdischen Menschen entwickeln können, ja müssen. Da dies nur wenige getan haben, scheint das Mitgefühl für die Juden keine Grundlage zu haben. Auch jetzt nicht, da Juden wieder Opfer sind, da sie wieder angegriffen werden von deutschen

Rechts- und Linksextremisten und nun auch von muslimischen Judenhassern.

Die Unfähigkeit zu trauern, eigentlich ganz grundsätzlich: zu fühlen, rührt daher, dass man, um trauern zu können, akzeptieren muss, dass es Opfer gegeben hat. Dass es Menschen waren, um die man trauern muss. Damit hätte man seine eigene Rolle und Verantwortung überprüfen müssen. Man hätte in die Tiefe der Erinnerung gehen müssen und sich fragen müssen, welchen Anteil man selbst daran hatte. Man hätte um Millionen Menschen trauern müssen. Man hat es nicht getan. Und viele trauern bis heute nicht.

Dabei kann nicht übersehen werden, wie viele Menschen überhaupt nichts mehr über das »Dritte Reich« wissen. Nicht einmal mehr wissen, was Auschwitz ist. Ohne Wissen kein Denken, keine Trauer, keine Erkenntnis. Trotzdem glaube ich, dass in den vergangenen Jahren trotz allem eine gegenwärtige Erinnerungskultur aufgebaut wurde. Letztendlich wird sie eine andere sein als die von Aleida Assman geforderte, aber sie wird nichtsdestotrotz ihre Wirkung haben.

Enthemmung

Ich erlebe, dass die Verrohung, der enthemmte und verschämte gutbürgerliche Antisemitismus alltäglich werden. Sich dagegen zu wehren, kann die deutsche Gesellschaft nicht allein den Juden und Jüdinnen überlassen und auch nicht den vielen anderen Menschen, die von Rassismus betroffen sind. Wenn wir dem täglichen Rassismus und Antisemitismus nicht alle gemeinsam widersprechen, normalisieren wir ihn. Und es wächst die Unverschämtheit, die Selbstverständlichkeit von Menschenhass.

Das ist schon seit Langem so. Die Glatzen mit ihren Springerstiefeln waren zwar immer ein Gewaltproblem, aber eindeutig und erkennbar. Viel gefährlicher jedoch waren die, die das alles finanzierten, ideologisch unterstützten, organisierten und strukturierten. Zu den Schleusenöffnern gehörte Thilo Sarrazin mit seinem Buch *Deutschland schafft sich ab* (2010), eines der meistverkauften Sachbücher der Bundesrepublik.

Wer bei den Veranstaltungen dabei war, erlebte, wie bürgerliche und großbürgerliche Schichten mit leuchtenden Augen und ekstatischem Beifall seine Thesen bejubelten. Es ist kein Zufall, dass es auch später Akademiker, Großbürger und bürgerliche Anstifter waren, die die rechte Szene mobilisierten, die den Staat verachteten, die Politik und Politiker als elitär und verantwortungslos verunglimpften und bis heute verunglimpfen. Es ist die Verachtung einer

Elite, der sie selbst angehören, ohne dabei zu merken, wie unglaubwürdig sie sind. Schlimmer noch ist, dass ihre Anhänger es nicht merken.

Als die AfD schließlich in nahezu allen Bundesländern in die Landtage und in den Bundestag einzog, war dies keine quantitative, sondern eine qualitative Zäsur. Für die jüdische Gemeinschaft war klar: In Deutschland wächst etwas Gefährliches heran, das man nicht für möglich gehalten hatte. Eine rechtsextreme, antidemokratische, menschenverachtende Hetzpartei wurde zwar demokratisch gewählt, aber wurde dadurch nicht demokratisch. Der Marsch durch die Institutionen hatte begonnen.

Rechtsextreme bekamen den Vorsitz in wichtigen parlamentarischen Ausschüssen, Rederecht, Mitspracherecht. Antisemitismus und Rassismus wurden nicht mehr nur auf der Straße, sondern auch in deutschen Parlamenten herausgeschrien, sie wurden salonfähig. Die Überwindung der letzten Hürde in den demokratischen Machtverhältnissen, nämlich Teil von mindestens einer Landesregierung zu werden, ist wohl nur noch eine Frage der Zeit.

Die demokratischen Parteien wissen und formulieren nach außen, dass sie sich von der AfD maximal distanzieren wollen. Sie wissen, dass die AfD programmatisch rechtsextrem ist – komplett, nicht nur »in Teilen«.[33] Und trotzdem signalisieren sie den Millionen Bürgerinnen und Bürgern, die die AfD gewählt haben: Ihr seid nicht alle rechtsextrem. Viele von euch sind Protestwähler. Diese Anbiederung hat fatale Folgen. Sie weicht die Auseinandersetzung mit den Wählerinnen und Wählern auf. Sie erleichtert es den demokratischen Parteien sowie den AfD-Wählern, sich nicht allzu unwohl zu fühlen.

Unser Grundgesetz geht von mündigen Wählerinnen und Wählern aus. Jede Partei beansprucht ihre eigene

Kernkompetenz, für die Wählerinnen und Wähler sie wählen, Mitglieder werden. Nur bei den Anhängern der AfD verzichtet man auf dieses Kernprinzip, um sie von dem Vorwurf zu exkulpieren, eine rassistische Hasspartei gewählt und gewusst zu haben, was sie taten.

Mittlerweile ist die Partei des Hasses, auch des Judenhasses, auch der Relativierung der Shoah – Gaulands Bemerkung über den »Vogelschiss in der Geschichte« – noch erfolgreicher geworden. Auch die Illusion der Westdeutschen, es handle sich um ein ostdeutsches Phänomen – als ob es in Westdeutschland nicht schon seit der Gründung der Bundesrepublik strukturellen Antisemitismus gegeben hätte –, ist mit den Wahlen in Bayern und Hessen endgültig zerplatzt. Die AfD ist dort mittlerweile stärkste Oppositionspartei geworden – ein weiterer Schritt zur Macht in den Parlamenten.

Betrug, Selbstbetrug. Betäubung, Selbstbetäubung. Siebzig Jahre Apathie. Die Entscheidung, sich zu narkotisieren und damit einer der größten strategisch strukturellen politischen Gefahren nichts entgegenzusetzen, rächt sich im 21. Jahrhundert brutal. Die Opfer dieses Versagens sind die Minderheiten, aber letztendlich auch die Demokratie. Unbestritten ist: Die demokratischen Säulen halten. Unstreitig ist aber auch: Die viel beschworene »Brandmauer« hält möglicherweise nicht.

Nach NSU, nach Hanau, nach dem Mord am Kasseler Regierungspräsidenten Walter Lübcke 2019, nach unzähligen Opfern seit Jahrzehnten, wird spät, sehr spät ausgesprochen, was alle wussten: dass der Hass auf Menschen, auch der Judenhass, zwischen 20 und 30 Prozent der Wähler nicht daran hindert, eine solche Partei zu wählen. Es ist erschütternd. Für Juden. Aber nur für Juden? Auch unsere gesamte Demokratie wird angegriffen.

Artikel 1 des Grundgesetzes, »Die Würde des Menschen ist unantastbar«, wird von dieser Partei umgeschrieben. Die Würde einiger Menschen *ist* antastbar. Die Idee der Menschenrechte, der Würde des Menschen war und ist konstitutiv für das Bewusstsein nach dem Holocaust. Dass dies für bestimmte Parlamentarier nicht mehr gilt, ist zutiefst bedenklich. Der Antisemitismus hat im Bundestag einen Platz gefunden.

Und was passiert? Die Partei wird beobachtet. Die Partei wird in Teilen als verfassungsfeindlich eingestuft. Und doch wird sie immer erfolgreicher. Zuerst war sie zu klein. Jetzt sind es zu viele. Soll man sie verbieten? Kann man eine Partei verbieten, die 30 Prozent der Wählerstimmen hat? Was ist, wenn das Verfahren so ausgeht wie bei der NPD. Der Verbotsantrag wurde vom Bundesverfassungsgericht abgewiesen. Die Richter attestierten der NPD eine verfassungsfeindliche Gesinnung, aber nicht das »Potenzial« zur Durchsetzung ihrer Ziele.

Was ist, wenn jetzt die Mehrheit der Gesellschaft keine wirkliche Angst vor der AfD mehr hat? Und selbst wenn man die Partei verbieten würde, wären ihre Anhänger immer noch da. Mitten unter uns. »Denn das große Problem mit dem Antisemitismus ist nicht«, schreibt Nele Pollatschek, »dass er ausgewählte Menschen zu schlechten Menschen macht, sondern dass er ausgewählte Menschen zu toten Menschen macht.«[34]

Judenhass ist keine Meinung

In ihrer rassistischen Ideologie erklärt die AfD die Muslime zur größten Gefahr für Deutschland und für die Juden. Wenn ich höre, wie AfD-Politiker über Menschen, die Muslime sind, reden, dann können sie niemals, wie sie behaupten, politisch an meiner Seite sein. Die Menschenverachtung, die sie gegenüber Muslimen ausdrücken, ist unerträglich. Die Muslime sind nicht meine Feinde. Mein Problem sind radikale, fanatische Islamisten und enthemmte Rassisten wie die in der AfD.[35]

Und doch: Der muslimische Antisemitismus wächst ebenfalls. Seit vielen Jahren. Um es deutlich zu formulieren: Nicht »die Muslime« sind antisemitisch, sondern radikale Teile von ihnen. Wie auch nicht die Deutschen rechtsextrem sind, sondern radikale Teile von ihnen. Übrigens nicht erst seit 2015, als Millionen Menschen auch aus arabischen Ländern nach Deutschland flüchteten. Trotzdem hat diese Einwanderung eine weitere Radikalisierung und quantitative Verschiebungen hervorgebracht.

In vielen arabischen, totalitären Ländern wird der Hass auf Israel – übersetzt: der Hass auf die Juden – von Kindheit an gelernt. Millionen Menschen, die ansonsten kaum Bildung erhalten, haben diesen Grundsatz emotional eingetrichtert bekommen.

Das rechtfertigt ihren Hass nicht. Das rechtfertigt nicht ihre Gewalt. In einer Demokratie, in der Beleidigung,

Volksverhetzung unter Strafe steht, muss sich jeder, der in diesem Land lebt, ob Muslim, Christ oder Jude, wenn er gegen diese Gesetze verstößt, vor Gericht der Verantwortung stellen. So weit die Theorie.

Jahrzehntelang haben die Strafverfolgungsbehörden die Augen vor dem verschlossen, was am politisch rechten Rand passiert. Auch jetzt gibt es noch viel zu wenige Verurteilungen, und die Verfahren dauern viel zu lange. Ein Staat, der seine Gesetze nicht ernst nimmt, das bedeutet, sie nicht vollzieht, kann nicht erwarten, dass er von seinen Bürgerinnen und Bürgern ernst genommen wird.

Gerade deshalb gilt es jetzt, nicht einfach dort, wo es gerade politisch opportun scheint, »harte Kante« zu fordern. »Der Kampf gegen den Antisemitismus von Muslimen und Nichtmuslimen darf nicht der opportunistische Vorwand sein für den Ruck nach ziemlich weit rechts«, warnt Tomas Avenarius. Und er schreibt: »Das wäre das Übelste, was Deutschland, den deutschen Juden und den deutschen Muslimen passieren könnte. Und allen anderen Deutschen übrigens auch.«[36]

Wenn die AfD *den* Muslimen also vorwirft, sie seien *alle* Antisemiten, würden Juden hassen, müssten deshalb aus Deutschland hinausgeworfen werden, kann ich nur laut widersprechen. Ja: Unter den Muslimen gibt es Judenhasser. Sie sind religiös, politisch radikalisiert, sie sind verblendet. Sie glauben daran, dass Juden an allem schuld sind und dass, wenn die Juden weg sind, alles gut wird. Dass aber ausgerechnet die zentralen Figuren der AfD – Björn Höcke, Alice Weidel –, die dasselbe glauben, mich nun vor Muslimen warnen, ist absurd – zumal in der AfD ganz genau die gleichen Grundhaltungen existieren (oft verbrämt, hinter Chiffren versteckt).

Über die Gewaltbereitschaft der Rechtsextremen besteht kein Zweifel. Die geistigen Brandstifter wissen, dass sie mit dem Feuer spielen, das andere dann auf Gebäude und Menschen werfen. Wer hetzt, der weiß, dass aus Worten Taten werden können. Es trifft zu, dass der muslimische Antisemitismus in Deutschland rasant wächst. Seit dem 7. Oktober zeigt er eine gewalttätige und hässliche Fratze. Er wird zu Recht als eine wachsende Gefahr für die Demokratie eingeordnet und zu Recht auch für eine wachsende Bedrohung für jüdisches Leben.

Daneben wächst auch der linksextreme Judenhass, in dem die Juden für »das Weltkapital« stehen. Ich erinnere mich, wie 1967 während des Sechstagekriegs Veranstaltungen mit dem israelischen Botschafter von linken Studenten gestürmt wurden. Schon damals gab es den Antizionismus, der den Staat Israel als eine imperialistische Macht im Nahen Osten gesehen hat und als eine Marionette der Amerikaner. Auch damals gab es schon Vernichtungsfantasien. Das setzt sich heute im linken postkolonialen Diskurs fort.

Die seit Jahren vorbereitete Stimmung, dass Israel ein kolonialistisches Land sei, imperialistisch, ein Apartheidstaat, wurde auch in der intellektuellen Welt über die lange unterschätzte BDS-Bewegung transportiert. Doch wer während der Apartheid nach Südafrika gereist ist, fragt sich, wie verlogen und die Apartheid verharmlosend diese Unterstellung ist. Schwarze durften nicht auf Toiletten, die Weiße benutzten. Es gab Parkbänke nur für Schwarze. Sie hatten keine Rechte, wurden ausgebeutet und waren Arbeitssklaven. Die Polizei schützte sie nicht, sondern missbrauchte sie. Im Staat Israel gibt es all das nicht. Es gibt zum Beispiel arabischstämmige Israelis im Parlament. Das heißt nicht, dass Israel alles richtig macht. Aber es heißt, dass diese Propaganda inhaltlich grundsätzlich falsch ist.

Die linke Bewegung hat den Wunsch, dass Deutschland sich von seiner Schuld befreit und die kolonialisierten Völker als die Opfergruppe der Gegenwart anerkennt. Das überschneidet sich mit der Forderung der Rechtsextremen, dass endlich Schluss sein soll mit dem »Schuldkult« der Deutschen.

Der künstliche Wettbewerb der Opferrollen ist erbärmlich und beschämt alle Opfer von Gewalt und politischer Suppression. Und doch – und dafür können die Jüdinnen und Juden nichts – ist die Shoah in ihrer Einmaligkeit nicht zu vergleichen mit allem anderen, was anderen angetan wurde.

Die Documenta in Kassel hat in aller Deutlichkeit gezeigt, dass BDS auch ein eliminatorisches Prinzip formuliert. Selbst die bekanntesten Wissenschaftler, Künstlerinnen, Musiker sollen nicht mehr auftreten dürfen, bekommen also ein lebenslanges Berufsverbot, nur weil sie israelische Staatsbürgerinnen und Staatsbürger sind. Selbst wenn sie sich gegen die Regierung auflehnen, ihre Politik also verurteilen und für eine Zweistaatenlösung kämpfen, ändert das nichts an dem Bann. Sie sind Juden und als solche verdächtigt, angeklagt. Verurteilt. Eine Kollektivstrafe, die der Einzelne nicht aufheben kann. Diese autoritäre, größenwahnsinnige Haltung, die auch von vielen Nichtjuden aus unterschiedlichen Gründen als mutig und konsequent angesehen wird, ist Antisemitismus.

Boykott ist immer undifferenziert. Wenn also wie bisher israelische Musiker, Wissenschaftlerinnen und Künstler nicht mehr auftreten dürfen, nur weil sie Israelis sind, und dies als gerecht empfunden wird, ist das für mich ein Ausdruck blinder Selbstgerechtigkeit.

Schleichend hat sich der Diskurs verändert. Er war und ist in unsere Sprache und in unser Denken eingedrungen. Jedes der vielen Male, wo man hätte widersprechen müssen und es nicht getan hat, hat unser Koordinatensystem verschoben.

Ich ertrage unsere scheinbare Hilflosigkeit gegenüber diesem Extremismus nicht. Die vereinzelten Vereinsverbote, die noch viel zu wenige sind, bringen die gesamtpolitische Debatte nicht weiter.

Ich verstehe nicht, warum Menschen, die selbst keine Juden oder Schwarzen oder Homosexuellen sind, nicht bemerken, dass dort, wo die autoritäre Geisteshaltung ihren Platz gefunden hat, nicht nur die Minderheiten, sondern auch sie selbst ihre Lebensqualität verlieren. Die Schlinge des Autoritären schließt sich auch um ihr Leben. Und die Angst.

Ich verstehe nicht, warum diese Menschen nicht sehen, dass erst der Jude dran ist, aber anschließend garantiert auch sie selbst. Ich verstehe nicht, dass die Menschen nicht wissen, dass die Hassenden sehr hungrig sind und niemals satt werden. Ich verstehe nicht, dass diese Menschen glauben, es würde sie nicht treffen. Nicht betreffen. Und ich verstehe nicht, warum einige dieser Menschen die Hassenden immer noch wählen. Ich verstehe nicht, dass diese Menschen Juden hassen, obwohl sie keine Juden kennen.

Judenhass ist keine Meinung. Er ist eine Lebenshaltung. Er ist nichts anderes als Gewalt. Er hilft einigen, die Statik des eigenen Seins zu verstärken, dort, wo Unsicherheit, Angst sich breitmachen. Diese Lebenshaltung macht es einigen erträglicher, gibt ihnen eine Schein-Antwort auf das Chaos des Lebens, die Ungerechtigkeit der Existenz, die Frustration des Seins. Aber wie gesagt: nur eine Schein-Antwort. Sie beruhigt nur kurz.

Welche Pseudo-Argumente und Erzählungen man dann aus dieser Lebenshaltung heraus über den Juden erfindet, ist letztendlich banal. Sie treffen alle nicht zu. Menschen, die eine ähnliche Lebenshaltung haben, finden zusammen und bestätigen sich gegenseitig. In der Folge werden Gerüchte zu Scheintatsachen. Die, die widersprechen, werden als »linksversifft« oder von Juden beherrscht und manipuliert oder einfach als dumm gebrandmarkt.

Mit der Überzeugung, recht zu haben, wächst die Gruppe der Antisemiten. Sie wird immer aggressiver, gewalttätiger und gefährlicher.

Ich würde gern einen Tag so leben wie einige meiner nichtjüdischen Freunde. Erleben, wie es wohl ist, wenn man nicht Menschen um sich herum weiß, die einem Böses wollen, nur weil man Jude ist.

Brief an einen Antisemiten

Schluss. Schluss. Schluss. Ich will mit Ihnen nichts mehr zu tun haben. Sie langweilen mich. Sie sind stehen geblieben. Immer die gleichen Geschichten. Seit Jahrhunderten. Ich will niemandem mehr erklären, wir Juden wollen eigentlich niemandem mehr erklären, warum es Sie gibt. Es gibt Sie in vielen Facetten – als linksextreme, rechtsextreme, islamistische Judenhasser. Immer *extrem* ... Was ist eigentlich Ihr Problem? Es können doch nicht die Juden sein. Vielleicht sind Sie selbst das Problem. Vielleicht haben Sie Probleme. Ich kann Ihnen versichern: Sie werden Ihre Probleme niemals lösen, indem Sie Juden hassen.

Antisemitismus ist keine Lösung. Antisemitismus ist keine Meinung. Antisemitismus ist Gewalt. All Ihre Pseudoargumente, all Ihre lächerlichen Wahnvorstellungen, all Ihre unterkomplexen Behauptungen, all Ihre Versuche, die Juden zum ultimativen Feind der Menschheit zu erklären, all das hilft Ihnen nicht, Ihre Gewalt zu legitimieren. All das spricht gegen Sie. Und wenn Sie dann strafrechtlich zur Verantwortung gezogen werden, tun Sie mir einen Gefallen: Machen Sie sich nicht elendig klein. Nehmen Sie nicht für sich in Anspruch, Opfer zu sein. Sie sind es nicht. Sie sind Täter. Sie schwingen die Peitsche der Worte. Sie verletzen die Seelen der Menschen. Sie sind geistige Brandstifter. Ihr Gift ist gefährlich für die, die Sie vergiften. Für uns Juden kann es tödlich sein.

Sie bereiten uns Juden schon lange die Hölle auf Erden. Sie wollen uns loswerden. Aber schauen Sie: Selbst Ihr größtes Vorbild, Adolf Hitler, konnte seinen Wahn, alle Jüdinnen und Juden dieser Welt vernichten zu können, nicht in die Tat umsetzen. Zugegeben: Was er und die Nationalsozialisten taten, war das Schlimmste, was dem Judentum je widerfahren ist. Es war ein ungeheuerlicher Zivilisationsbruch. Er wird immer mit Deutschland verbunden bleiben. Aber wir sind immer noch da.

Ich frage mich, ob Sie gut schlafen. Oder haben Sie Albträume? Vielleicht haben Sie Angst: vor der Nacht, vor einer Weltverschwörung, vor dem globalen Finanzkapital – nennen wir es doch beim Namen: vor den Juden. Juden, von denen Sie sich verfolgt fühlen, von denen Sie ihre Welt besetzt fühlen, von denen Sie besessen sind. Haben Ihnen Ihre Eltern gesagt, dass Sie sich vor Juden in Acht nehmen sollen? Oder der Pfarrer? Der Imam?

Sicher kennen Sie die älteste Lüge der Kirche: dass die Juden Jesus getötet haben. Ja, die Kirche war erfolgreich. Das erste globale Unternehmen der Welt schickte seine Vertreter, die Priester, überallhin, um diese Lüge zu verbreiten. Vielleicht rührt daher Ihre Angst. Ihre Vorstellung, dass die Juden das Böse schlechthin sind. Der Teufel in Person. Eine Geheimorganisation, die die Welt beherrscht.

Sie glauben an die Weltmacht der Juden. Deshalb fällt Ihnen vielleicht ein: »Die Juden waren schon immer raffiniert!« Vielleicht sagen Sie auch: »Die Juden haben Opfer gebracht, um die Welt zu täuschen.« Vielleicht werden Sie sogar sagen: »Auschwitz hat es nicht gegeben. Das war eine bösartige Erfindung der Juden, um den Deutschen die Schuld in die Schuhe zu schieben. Um der Welt für immer ein schlechtes Gewissen zu machen, um sie für immer in der Hand zu haben.«

Wie geht es Ihnen eigentlich? Sind Sie ein glücklicher Mensch? Kann man glücklich sein und gleichzeitig so voller Hass? Was ist Hass, was macht er mit einem? Sie sollten wissen, dass Hass krank macht. Sie sollten wissen, dass Hass niemals Erfüllung bringt. Sie sollten wissen, dass Sie eines Tages sterben und diesen Hass mitnehmen müssen; dass dieser Hass Ihr letzter Gedanke sein wird. Sie sollten wissen, »dass Worte wie winzige Arsendosen sein können«, wie Viktor Klemperer es so treffend formuliert hat. »Sie werden unbemerkt verschluckt, sie scheinen keine Wirkung zu tun, und nach einiger Zeit ist die Wirkung doch da.«[37]

Vielleicht gehören Sie zu den Antisemiten, die ihren Judenhass nach außen hin nicht zugeben wollen. Hassende Feiglinge. Ich kenne nicht wenige. Meist verstecken sie sich in bürgerlichen Gewändern. Das sind die, die den Satz beginnen mit: »Sehr geehrter Herr Friedman, Sie wissen, dass ich kein Antisemit bin, dass ich nichts gegen Juden habe.« Dann schauen Sie mich so vertraulich, so innig an, kommen immer näher, um den intimen, den vorsichtigen, den so gut gemeinten Satz hinzuzufügen, der immer mit »Aber« beginnt: »Aber Sie müssen doch zugeben, dass ...«

Ich fühle mich unbehaglich, bedrängt, ärgere mich über die aufgedrängte Komplizenschaft. Ich soll also gutheißen, was der feige Antisemit formuliert hat, damit er morgen sagen kann: »Das sage nicht ich, das sagen sogar Juden wie Michel Friedman.«

Man muss die feigen Antisemiten ernst nehmen. Sie kommen aus bürgerlichen Milieus, die die Strukturen für die Organisationen bauen, die lange leise und vorsichtig, in letzter Zeit aber immer lauter und dreister ihren Judenhass in die Öffentlichkeit tragen. Die Schamgrenzen sind gefallen. Und jetzt liefern sie den »geistigen Unterbau« und das

Geld für diejenigen, die in verschiedenen Machtpositionen den Hass immer lauter, immer selbstverständlicher und immer erfolgreicher herausschreien. In der Partei des Hasses und der Hetze, der AfD, und nicht nur da. Gehören auch Sie zu den Schreihälsen?

Vielleicht freuen Sie sich, dass man heute in Deutschland, in anderen Ländern auch, entspannter, freier, schamloser hassen darf. Dass man wirklich sagen darf, was man schon immer über Juden gedacht hat. Vielleicht sind Sie »Querdenker« und »Verschwörungstheoretiker« oder »Reichsbürger«. Vielleicht haben Sie bei den Demonstrationen während der Covid-Krise neue Freunde gefunden. Oder im Netz. Gehörten auch Sie zu denen, die sagten, Covid sei eine Erfindung des Weltjudentums?

»Ja, von wem denn sonst!«, haben Ihre Freunde wahrscheinlich geantwortet. Denken Sie wirklich, dass es ein jüdisches Virus gibt? Eine Erfindung, damit die Jüdinnen und Juden mit den Impfungen ein Vermögen verdienen können?

Dann sind Sie vielleicht auch davon überzeugt, dass alle Medien von einem »Strippenzieher« kontrolliert werden. Und wenn man Sie fragt, wer denn eigentlich der Puppenspieler ist, verdrehen Sie die Augen und sagen: »Das weiß doch jeder: die Juden.« Sie wissen schon: Es gibt sehr viele Medien auf der Welt. Er hätte schon viel zu tun, der jüdische Puppenspieler. Dabei sagen Sie doch auch, Juden seien »faul«, seien »Parasiten«. Sie verdrehen schon wieder die Augen? Ich wollte Sie nur auf kleine Widersprüche hinweisen.

Judenhass ist ein strukturelles, ein soziales Phänomen, nicht nur ein individuelles. Trotzdem interessiert es mich, warum Sie so denken. Wie es Ihnen dabei geht. Sind Sie als Kind geschlagen worden? Ausgelacht? Haben Sie Gewalt erfahren? Haben Sie sich minderwertig gefühlt? Kennen Sie überhaupt Juden? Wahrscheinlich haben Sie noch nie einen Juden persönlich getroffen, haben nie mit einem gesprochen; haben nie einem von ihnen zugehört, waren nie neugierig auf eine Begegnung – weil ein Jude in Ihren Augen eben nur Jude ist. Kein Mensch.

Ich vermute, dass Sie mich sowieso nicht ernst nehmen, wenn ich mit Ihnen rede, dass Sie mich nicht anerkennen, weil ich Jude bin. Aus Ihrer Sicht ein »Untermensch«, der das Unglück über die Welt bringt.

Oder noch schlimmer: Sie finden mich sympathisch! Sie denken: Friedman ist irgendwie anders. Anders als die anderen Juden. Die Idee des »Ausnahmejuden« ist der Gedankenjoker, um die eigenen Vorurteile nicht revidieren zu müssen. Abgesehen davon: Auch als Judenhasser weiß man nie, ob man vielleicht doch einmal einen Juden braucht, oder?

Fast könnte man Sie bedauern. Sie sind Opfer Ihrer eigenen Gefühle und werden sie nicht los. Kontrollverlust. Wenn meine Mutter mit Ihnen sprechen könnte, würde auch sie Sie vielleicht bedauern. Nein, eher doch nicht. Sie würde Ihnen sagen, dass der Hassende gequälter ist als der Gehasste, weil er vierundzwanzig Stunden am Tag mit seinem Hass leben muss. Ein ganzes Leben lang.

Ehrlich gesagt habe ich keine Lust, Sie zu bedauern. Denn was Sie mir und allen anderen Jüdinnen und Juden antun, ist unentschuldbar. Sie lassen mich nicht einfach *sein*. Sie wollen mein Ich bestimmen. Sie wollen in mich hineinkriechen. Sie sind zerstörerisch und versuchen, Ihr Gift in mir wirken zu lassen. So wie es die Judenhasser seit Jahrhunderten tun. Letztendlich wollen Sie mich vernichten.

Aber: Ich muss Sie enttäuschen. Ihre Versuche wirken nicht mehr. Ihr Gift auch nicht. Jedenfalls nicht bei mir, und bei immer weniger Juden. Wer wie ich in seiner Familie über Generationen hinweg Menschen wie Sie erleben musste, Menschen, die den Tod vieler meiner Familienangehörigen verursacht haben, wer die Schrecken der Shoah in den Gesichtern der eigenen Eltern gesehen hat, wer den Höhepunkt der Gewalt und den Tiefpunkt der Menschlichkeit kennt, der hat gelernt, dass die Macht, die Sie zu haben glauben, nur so lange in Ihren Händen liegt, wie die Angst vor Ihnen bleibt und nicht andere Sie aufhalten. Ich habe keine Angst vor Ihnen. Ich gehöre zu denen, die Sie aufhalten.

Als ich begriff, dass Sie womöglich viel mehr Angst vor mir – dem Juden – haben als ich vor Ihnen, verstand, wie armselig Sie sich fühlen müssen, wenn Sie Ihre vermeintliche Größe nur durch Ihr Feindbild, Ihre Vernichtungsfantasien und Rituale aufrechterhalten können, verloren Sie bei mir ohnehin an Macht. Und doch will ich nicht leugnen, dass Ihre verbale und körperliche Gewalt Menschen verstören kann, ihr Leben verändern kann, Verunsicherung und Unsicherheit auslösen kann. Diese Irritation wirkt und setzt sich fort.

Und doch: Sie sind nur so lange mächtig, wie die Mehrheit der Gesellschaft schweigt. Reagiert sie jedoch, werden Sie wieder zu dem, was Sie eigentlich sind: bemitleidenswert.

Zugegeben: Sie haben Ihren Resonanzraum in der Öffentlichkeit vergrößern können. Zugegeben: Die Mehrheit der Gesellschaft ist viel zu gleichgültig, wenn Sie mit Ihrer hässlichen Fratze schreien, brüllen, Ihren Hass ausspucken. Zugegeben: Das hätte ich so nicht gedacht. Offenbar noch immer naiv hatte ich gehofft, dass die sogenannte schweigende Mehrheit, die Mitte der Gesellschaft, endlich gelernt hätte, dass Sie, die Hasser, in Wirklichkeit nicht nur mich, den Juden, meinen, sondern die Freiheit an sich, das Leben in all seiner Vielfalt und Buntheit. Also: alle Menschen, die nicht so sein wollen, wie Sie es sich vorstellen.

Ich möchte Ihnen entgegenhalten: Ich glaube nach wie vor, dass die Mehrheit der Menschen in diesem Land Freiheit und Rechtsstaatlichkeit, Demokratie und Weltoffenheit will. Und weniger Ihrem Weltbild zugeneigt ist, das eng, autoritär, verklemmt und verschlossen nicht nur den Juden, sondern allen Menschen vorschreiben will, wie sie zu leben haben.

Ich habe keine Angst vor Ihnen. Ich werde weiter kämpfen für die Menschenwürde, für die Menschenrechte. Ich werde mich weiter dafür engagieren, ich werde mein Gesicht zeigen für den Gegenentwurf zum Hass: für eine Gesellschaft, in der Respekt im Mittelpunkt steht.

Sie müssen mich weder lieben noch hassen. Sie sollten nur zur Kenntnis nehmen, dass es seit fünftausend Jahren Menschen wie mich gibt: Juden. Es gibt uns immer noch. Und wissen Sie, warum? Weil wir uns nicht von Menschen wie Ihnen, die hassen, anstecken lassen, weil wir das Leben lieben und den höchsten Respekt vor dem Menschen haben.

Und jetzt?

Nach alldem zeigen sich zwei wichtige Perspektiven. Die eine: Wieder grölen oder »formulieren« Menschen in Deutschland, Juden seien schuld. An *allem*. Zwischen Querdenkern und rechtslastigen Verlagen wird fabuliert, spekuliert, polemisiert über die Weltverschwörung des Judentums. Juden wollten Deutschland unterdrücken. Juden wollten Deutschland »umvolken«. Juden könnten nicht aufhören, Deutschland Schuldgefühle zu vermitteln. Dabei müsse man doch in diesem Land endlich sagen können, was man sagen will, aber nicht darf (bitte zweimal raten, wer daran Schuld hat), obwohl dauernd und an jeder Stelle alles gesagt wird.

Die andere aber ist: In den Wochen nach dem 7. Oktober zeigte sich, dass es zwar viele Initiativen gibt, die sich gegen den Terror richten. Es zeigte sich, dass auch in Politik und Gesellschaft über die Gefahr des Judenhasses nachgedacht wird. Und doch waren die Reaktionen der breiten Gesellschaft begleitet von zu lautem Schweigen. Warum?

Wenn es stimmt, dass der Rechts- und Linksextremismus und der Islamismus die Demokratie bedrohen, also uns alle – Minderheiten *und* Mehrheiten –, müssten doch unsere Abwehrmechanismen deutlich aktivierter sein. Ist es nicht die Demokratie, um die es uns geht? Die Lebensform der Freiheit und des Friedens? Der Würde des Menschen und der Vielfalt? Entfaltungsmöglichkeiten für alle? Es lohnt sich, dafür zu kämpfen; um nicht in einem Staat zu leben, der autoritär, repressiv, reaktionär ist.

Warum ist es so schwer, sich einzugestehen, dass es für nicht wenige den umgekehrten Wunsch gibt: eine klare, starke Führung, ein Schließen der Grenzen, ein Zurückdrehen der Zeit. Nicht unbedingt zurück in das »Dritte Reich«, aber doch in ein Deutschland, in dem der »Deutsche« die Regeln bestimmte. Die Herausforderungen des 21. Jahrhunderts nicht zur Kenntnis zu nehmen, nicht von ihnen belästigt und verängstigt zu werden und sich zu wehren, dass sich die Welt und damit auch Deutschland nicht mehr nur selbst bestimmen kann, sondern ein Teil der globalen Realität geworden ist.

Vielen scheint gar nicht bewusst zu sein, welchen Preis wir zahlen müssen, wenn die Demokratie zerstört wird. Wenn Buchhandlungen nicht mehr alle Bücher verkaufen dürfen. Wenn in Kinos und Theatern nur noch Programme laufen, die die Linie der Herrschenden vertreten. Wenn die Reisefreiheit eingeschränkt wird, es keine Medienfreiheit mehr gibt. Wenn man das Falsche sagt, Gefängnis oder gar der Tod drohen. Und wenn Minderheiten wie die Juden verschwinden.

Ich bemerke schon seit einigen Jahren, dass sich das Selbstverständnis des jüdischen Lebens in Deutschland verändert. Wir alle beobachten, dass in anderen Ländern rechtsextreme Parteien immer stärker werden oder sogar die Regierungen ihrer Länder übernehmen: etwa in Ungarn, in den USA unter Trump, in Polen, Schweden, Italien, den Niederlanden. Noch einmal: Der parlamentarische Erfolg der AfD ist kein Betriebsunfall, sondern eine wesentliche Veränderung. Das Unwahrscheinliche könnte wahrscheinlich werden. Es ist bereits erschreckende Realität.

Brief an die Politik

Die meisten von Ihnen meinen es gut. Die meisten von Ihnen sind überzeugte Demokratinnen und Demokraten. Die meisten von Ihnen arbeiten hart, um diese Gesellschaft besser zu machen. Und müssen ertragen, dass sie von nicht wenigen mit tiefster Verachtung betrachtet werden. Die meisten von Ihnen haben es am 7. Oktober 2023 ernst gemeint mit ihrer Betroffenheit, mit ihrem Entsetzen, mit ihrer Solidarität, mit ihrer Anteilnahme. Die meisten haben die richtigen Worte gefunden.

Ich erwarte von Ihnen, von Ihnen allen, dass den Worten endlich Taten folgen. Sie werden verstehen, dass ich Sie nicht bitte. Ich fordere es. Es ist Ihre Pflicht, zu handeln. Es ist spät, sehr spät. Viel zu oft, viel zu lange haben Sie und Ihre Vorgänger Ihren Worten keine Taten folgen lassen. Stereotype, Vorurteile sind das Ergebnis des Einflusses von Menschen auf Menschen. Jeder Mensch, jedes Kleinkind baut sich eine Welt aus all den Bildern, Vorurteilen und Geschichten der Erwachsenen. Oft unbewusst sind all diese Geschichten irgendwo in unserem Gehirn als Konstrukte abgelegt und wollen bestätigt werden. Um dagegen anzugehen, hilft nur Reflexion beziehungsweise Bildung. Die Vermittlung von Demokratie und Meinungsfreiheit ist die Basis unseres Zusammenlebens. Daher muss die Politik sich wieder stärker um unsere Kinder und Jugendlichen kümmern. Das ist eine der wichtigen Aufgaben der Kindergärten, der Grundschulen, der weiterführenden Schulen. Nicht den Kindern ihre eigene Sicht auf das Leben aufzudrängen, sondern ihnen Instrumente an die Hand zu geben, das, woran sie glauben, das, was sie denken, zu überprüfen. Es geht darum, ihnen das Wort »Warum« zu vermitteln, sie zu ermuntern, die Welt zu hinterfragen.

Kinder sind neugierig. Ihr Weltbild ist noch sehr flexibel. Sie sind am ehesten in der Lage, sich von den Vorurteilen der Erwachsenen, ihrer Umwelt, zu lösen. Jugendliche, die sich in der Pubertät befinden, stellen grundsätzlich infrage, was ihnen gegeben wurde. Es muss zum festen Unterrichtsstoff werden, immer wieder den Zweifel, das Warum zu vermitteln – und das meint auch den Zweifel an den Weltbildern der Lehrenden.

Ich fordere, dass endlich die Auseinandersetzung mit Antisemitismus und Rassismus in die Lehrerausbildung aufgenommen wird. Vor allem das Konfliktmanagement, das in den Schulen so notwendig geworden ist. Es ist unerträglich, dass Pädagoginnen sagen, sie seien überfordert, wenn ein Kind dem anderen auf dem Schulhof eine antisemitische oder rassistische Bemerkung an den Kopf wirft. Sie seien hilflos. Sie seien nicht in der Lage, den Kindern zu erklären, dass so etwas in einer aufgeklärten, humanistischen Gesellschaft nicht geht. Sie könnten nicht vermitteln, dass es die Grundidee einer solchen Gesellschaft ist, dass man sich mit Respekt, mit Würde begegnet.

Wirklich? Ist es so schwer, dies zu begründen, zu verdeutlichen, zu diskutieren und schließlich ein respektloses Verhalten zu sanktionieren, um die Schwere des Verstoßes deutlich zu machen? Grundlage allen Lernens muss sein, dass Menschen sich anerkennen und respektvoll miteinander umgehen. Niemand bestreitet, dass das anstrengend ist. Wenn das kein Hauptfach ist, was dann?

Ich fordere Sie auf: Verabschieden Sie endlich Gesetze, die Verstöße gegen den ersten Artikel unseres Grundgesetzes deutlicher als bisher unter Strafe stellen. Und vor allem: dass diese Gesetze auch angewendet werden. Hass ist kein Kavaliersdelikt. Hass ist Gewalt. Ich erwarte, ja, ich fordere Sie auf, die politische Diskussion, den Diskurs, den Streit noch deutlicher als bisher zu führen. Gehen Sie auf Konfrontationskurs mit den Parteien, mit den politischen Bewegungen im Land, mit den Wählerinnen und Wählern des öffentlichen Hasses.

Die Demokratie hat starke Argumente auf ihrer Seite. Man muss sie immer wieder öffentlich formulieren und die Widerstände der Antidemokraten als das entlarven, was sie sind: Die Sehnsucht nach einer autoritären Macht, die über alle anderen bestimmt. Die Sehnsucht nach einem Staat, der den Menschen vorschreibt, was sie dürfen und was nicht. In einer Demokratie formulieren die Bürgerinnen und Bürger, was sie wünschen. Und auch: was nicht.

Ich fordere Sie auf, Vorbild für eine demokratische Auseinandersetzung zu sein und zu bleiben. In der letzten Zeit habe ich zu oft erlebt, dass auch Repräsentanten der demokratischen Parteien in ihrem Stil und Tonfall deutlich emotionaler und persönlicher auf den politischen Gegner reagiert haben. Wer Streitkultur in einer Gesellschaft fordert, muss sie im Parlament vorleben. Es ist kein Plädoyer gegen einen inhaltlich harten politischen Diskurs. Im Gegenteil: Nichts ist überzeugender als Argumente.

Wir wissen, dass alle staatlichen Institutionen, ob Polizei, Gerichte, Verwaltungen, den Durchschnitt aller Menschen in diesem Land repräsentieren. Ich fordere Sie aber trotzdem auf, auch hier, wo Judenhass oder Rassismus sichtbar werden, klar und eindeutig einzugreifen. All diese Menschen sind Repräsentanten des demokratischen Staates. Wenn Politik glaubwürdig sein will, muss sie überall, und besonders bei ihren Institutionen, auch glaubwürdig handeln.

Wir haben es mit politischen Kräften zu tun, die dieses Land verändern wollen, die gegen die Demokratie, gegen die Verfassung, gegen die Menschenrechte sind. Und das nicht nur in Deutschland, sondern in Kooperation in vielen Ländern der Welt. Das ist gefährlich. Deshalb braucht es eine strukturelle, politische, rechtliche, öffentliche Auseinandersetzung. Deshalb brauchen wir bessere Bildung auf allen Ebenen. Diese strukturellen Veränderungen sind unabdingbar, wenn es für die vielen eine Zukunft in Freiheit geben soll.

Wenn Sie sich selbst ernst nehmen wollen und ernst genommen werden wollen, dann ist ein wichtiger Schritt, den radikal muslimischen Judenhass zu bekämpfen. So muss die Zusammenarbeit mit der Ditib (Türkisch-Islamische Union der Anstalt für Religion), die direkt dem Hetzer Erdogan untersteht, ein Ende haben. Aber auch der Einfluss Irans auf manche Moscheegemeinden ist nicht hinnehmbar. Seit Jahren duldet Deutschland Imame, die unserer Art des Lebens mit größter Verachtung begegnen, seien es Frauenrechte, seien es die Rechte der sexuellen Selbstbestimmung, sei es der Hass auf Juden; sie predigen die Ablehnung all dieser Werte, für die wir stehen. Für sie sind wir die Ungläubigen, die es zu bekämpfen gilt.

Dass vor allem immer wieder junge Menschen in die Hände der Hassprediger fallen, liegt auch an Ihnen, wenn Sie die Zustände nicht beseitigen. Wenn nicht spätestens jetzt Konsequenzen gezogen werden, wann dann?

Denn es geht auch anders, es gibt viele Imame und Moscheen, in denen nicht anders als in Kirchen und Synagogen die Religion mit all ihren Traditionen gelebt wird, ohne dass dabei die freiheitliche demokratische Grundordnung vergessen wird.

Judenhass trifft uns alle

Es wird nicht wieder zu Auschwitz kommen. Wir Juden haben gelernt. Unsere Erinnerungskultur, auch wenn sie noch so brüchig und von weißen Flecken durchzogen ist, hat uns gelehrt, nicht bis zum Endpunkt der Gewalt zu warten. Wir haben gelernt, dass nur dann, wenn die Mehrheitsgesellschaft sich gegen Judenhass wehrt, Hoffnung besteht. Ich setze immer Hoffnung in Menschen.

Wahrscheinlich ist Hoffnung auch ein Grund, warum es das Judentum immer noch gibt. Der andere ist der religiöse Aspekt, der nie untergegangen ist, obwohl die meisten Juden heute säkular leben. Der entscheidende Aspekt der letzten Jahrtausende der Verfolgung ist eher darin zu finden, dass Juden keine Opfer sein wollen und eine Resilienz entwickelt haben, leben wollen. Das will jeder Mensch. Überleben auch. Und da Juden Menschen sind, sie ebenfalls.

Das setzt die Selbstermächtigung voraus, das Handeln in die eigene Hand zu nehmen. Nicht nur auf den Blick der Gesellschaft, der Antisemiten zu achten, sondern auf den eigenen Blick auf das Leben. Die Fremdbestimmung so weit wie möglich zu reduzieren und die Selbstbestimmung so weit wie möglich zu erhöhen.

Aber auch zu lernen, ein Land, in dem die Gefahr für jüdisches Leben existenziell wird, zu verlassen. Wenn Parteien Mehrheiten bekommen, für die der Hass eine

Grundbedingung ist, ist es an der Zeit zu gehen. Nach dem 7. Oktober denken sehr viele, gerade jüngere Menschen darüber mehr nach als je zuvor. Auch ich.

Brief an meine Söhne

Es gibt ihn, den Hass. Er ist ungerecht. Er ist brutal und gewalttätig. Ihr werdet ihm Euer ganzes Leben lang begegnen. Sie werden versuchen, Euch einzuschüchtern. Sie werden versuchen, Euch ihre Verachtung ins Gesicht zu brüllen. Sie werden versuchen, Gewalt auszuüben.

Denkt daran: Hass ist grenzenlos. Aber nichts von dem, was die Hassenden über Euch sagen werden, ist wahr oder hat irgendetwas mit Euch zu tun. Diejenigen, die sagen, dass Ihr ein Problem seid, sind das Problem. Befreit Euch von den Unglücklichen, die glauben, sie könnten glücklich werden, weil sie andere Menschen hassen.

Hasst nicht. Niemanden.

Denkt daran, dass das Gegenteil von Hass Respekt ist. Kämpft dafür. Kämpft für Euch selbst.

Ich wünsche Euch ein glückliches Leben. Geht Euren Weg.

Seid, wer Ihr seid. Lebt Euer Leben. Feiert es.

Dank

Dieser Text entstand Anfang Dezember 2023.

Ich danke Felicitas von Lovenberg, Kathrin Liedtke und Nina Sillem für ihr Vertrauen. Anne Jacoby für ihre unglaubliche Unterstützung und Begleitung.

Anmerkungen

1 »Berichte von enthaupteten Babys schockieren die Welt, *Jüdische Allgemeine*, 2.12.2023, https://www.juedische-allgemeine.de/israel/terror-gegen-israel-berichte-von-enthaupteten-babys-schockieren-die-welt/

2 »Rasender Judenhass, wie wir ihn seit dem Holocaust nicht mehr gesehen habe«, *Süddeutsche Zeitung*, 19.11.2023, https://www.sueddeutsche.de/muenchen/muenchen-charlotte-knobloch-volkstrauertag-antisemitismus-warnung-1.6305991

3 Andreas Zick, Beate Küpper, Nico Mokros (Hg.), *Die distanzierte Mitte: Rechtsextreme und demokratiegefährdende Einstellungen in Deutschland 2022/23*, Verlag J. H. W. Dietz Nachf., Bonn 2023

Zahlen im Detail: 5,7 Prozent der Befragten stimmen antisemitischen Aussagen zu (bei der Umfrage 2021 waren es 1,7 Prozent); 15,3 Prozent befinden sich in einem Graubereich (2021: 10,3 Prozent). In Summe befürworten also 21 Prozent der Deutschen Antisemitismus ganz oder teilweise.

Betrachtet man die einzelnen abgefragten Aussagen, so zeigt sich, dass mehr als jede zehnte Person »überwiegend« oder »voll und ganz« der Meinung ist, dass der »Einfluss der Juden zu groß« sei. Rund 8 Prozent teilen gegenüber Jüdinnen und Juden eine rassifizierende Zuschreibung einer Eigentümlichkeit – die »nicht so recht zu uns passen« würde. Ebenfalls 8 Prozent stimmen der Zuschreibung von Falschheit und betrügerischen Zügen zu. (S. 69/70)

Differenziert nach der Selbstverortung im politischen Spektrum stimmen antisemitischen Aussagen rund 5 Prozent der Befragten zu, die sich selbst politisch »links« sehen. Bei den »genau in der Mitte« verorteten sind es ebenfalls rund 5 Prozent. Unter denen, die sich politisch »rechts« sehen, liegt der Zustimmungswert bei rund 40 Prozent. (S. 72)

4   »Warum linke Subkulturen so anfällig für Antisemitismus sind«, mdr, 16.11.2023, https://www.mdr.de/nachrichten/deutschland/gesellschaft/linke-subkultur-antisemitismus-anti-israel-thunberg-100.html

5   »Haldenwang sieht Rechtsextremismus als größte Gefahr«, Deutsche Welle, 6.06.2021, https://www.dw.com/de/haldenwang-sieht-rechtsextremismus-als-größte-gefahr/a-57791492; »Verfassungsschutz warnt vor Demokratiefeinden«, ZDF heute, 19.05.2022, https://www.zdf.de/nachrichten/politik/haldenwang-rechtsextremismus-gefahr-sicherheit-100.html; »Neujahrsempfang der CDU Vohwinkel: ›Vom Rechtsextremismus geht die größte Gefahr aus‹«, *Westdeutschen Zeitung*, 8.01.2023, https://www.wz.de/nrw/wuppertal/rede-in-wuppertal-vom-rechtsextremismus-geht-groesste-gefahr-aus_aid-82606731

6   »Keine Kuschelrunde«, in: *tageszeitung*, 10.11.2023, https://taz.de/Talk-ueber-Judenhass/!5969318/

7   »Activists see rise in German antisemitism since October 7 attack on Israel«, Reuters, 7.11.2023, https://www.reuters.com/world/europe/activists-see-rise-german-antisemitism-since-oct-7-attack-israel-2023-11-07/

8   »BKA zur Lage in Deutschland: ›Eskalationspotenzial ist groß‹«, *Süddeutsche Zeitung*, 20.11.2023, https://www.sueddeutsche.de/politik/innere-sicherheit-bka-zur-lage-in-deutschland-eskalationspotenzial-ist-gross-dpa.urn-newsml-dpa-com-20090101-231120-99-15175

9   »When Jews are Threatened, Why can't Americans Condemn Antisemitism?«, *Time*, 7.10.2023, https://time.com/6334279/rising-antisemitism-october-7-attack-essay/

10 »Antisemitism surges in France after the Hamas attacks on Israel«, *The Economist*, 11.11.2023, https://www.economist.com/

europe/2023/11/09/antisemitism-surges-in-france-after-the-hamas-attacks-on-israel

11 Ebd.

12 Deutschlandfunk, 2.12.2023, https://www.deutschlandfunk.de/
moskau-und-die-afd-parteienfinanzierung-aus-russland-
oder-100.html; Marcus Bensmann, »Die AfD und die Anbiederung an menschenverachtende Regime«, Correctiv, 23.11.2022,
https://correctiv.org/aktuelles/neue-rechte/2022/11/23/die-afd-
und-die-anbiederung-an-regime-wie-china-russland-und-iran/;
»Das China-Gate des AfD-Spitzenkandidaten«, *T-Online Nach-
richten für Deutschland*, 1.10.2023, https://www.t-online.de/
nachrichten/deutschland/innenpolitik/id_100247784/afd-maxi-
milian-krah-das-geld-aus-china-und-die-geheimdienste.html

13 Michel Friedman: »Zu vielen fehlt die Leidenschaft für Demokratie«, *Frankfurter Rundschau*, 27.09.2023, https://www.fr.de/
politik/michel-friedman-im-interview-demokratie-leidenschaft-
schlaraffen-92546073.html

14 *The Economist*, 16.11.2023, https://www.economist.com/the-
world-this-week/2023/11/16/politics

15 »Tausende demonstrieren gegen Antisemitismus«, mdr,
22.10.2023, https://www.mdr.de/nachrichten/deutschland/poli-
tik/berlin-antisemitismus-israel-demonstration-stein-
meier-100.html

16 »Studie zeigt: Viele Menschen engagieren sich freiwillig für
Flüchtlinge«, Bundesministerium für Familie, Senioren, Frauen
und Jugend, 7.02.2018, https://www.bmfsfj.de/bmfsfj/studie-
zeigt-viele-menschen-engagieren-sich-freiwillig-fuer-fluecht-
linge-121758

17 Die Bundesregierung, 9. November, Gedenken an die Opfer der
Reichspogromnacht, »Nie wieder«, 9.11.2023, https://
www.bundesregierung.de/breg-de/themen/erinnern-und-ge-
denken/gedenken-85-jahre-reichspogromnacht-2235698; Henri-
ke Roßbach, »Es ist etwas aus den Fugen geraten«, *Süddeutsche*

Zeitung, 9.11.2023, https://www.sueddeutsche.de/politik/reichs-pogromnacht-1938-zentralrat-der-juden-bundeskanz-ler-1.6301126

18 Michel Friedman, »Es geht um die Vernichtung des Juden-tums«, *Süddeutsche Zeitung*, 23.10.2023, https://www.sueddeut-sche.de/kultur/michel-friedman-interview-israel-antisemitis-mus-judentum-deutschland-1.6292222

19 »›Die Stimmung auf der Straße ist gekippt‹ – Leiterin einer jü-dischen Privatschule in Frankfurt berichtet«, *Frankfurter Rund-schau*, 23.11.2023, https://www.fr.de/frankfurt/strasse-ist-ge-kippt-die-stimmung-auf-der-92685689.html

20 »Ignatz Bubis ist tot«, *Die Welt*, 14.08.1999, https://www.welt.de/print-welt/article580545/Ignatz-Bubis-ist-tot.html

21 Michel Friedman, »Es geht um die Vernichtung des Juden-tums«, *Süddeutsche Zeitung*, 23.10.2023 https://www.sueddeut-sche.de/kultur/michel-friedman-interview-israel-antisemitis-mus-judentum-deutschland-1.6292222

22 »Wir müssen die Vergangenheit annehmen«. Richard von Weizsäckers Rede zum Kriegsende 1985, Bundeszentrale für politische Bildung, 18.12.2015, https://www.bpb.de/themen/deutschlandarchiv/217619/wir-muessen-die-vergangenheit-an-nehmen/

23 Doron Rabinovici, Natan Sznaider, Christian Heilbronn, *Neuer Antisemitismus?: Fortsetzung einer globalen Debatte*, Suhrkamp, Berlin 2019

24 Theodor W. Adorno, *Minima Moralia. Reflexionen aus dem be-schädigten Leben*, Suhrkamp, Frankfurt am Main 2012, S. 125

25 Micha Brumlik, *Antisemitismus*, Reclam Verlag, Stuttgart 2020

26 Jean-Paul Sartre, *Überlegungen zur Judenfrage*, Rowohlt E-Book 2023

27 Ebd.

28 Micha Brumlik, *Antisemitismus*, Reclam Verlag, Stuttgart 2020

29 Ebd.

30 Aleida Assmann, *Das neue Unbehagen an der Erinnerungskultur. Eine Intervention*, C. H. Beck, München 2020

31 Ronen Steinke, *Fritz Bauer oder Auschwitz vor Gericht*, Piper, München 2015

32 »John Demjanjuk – ein historisches Urteil«, BR24, 17.03.2012, https://www.br.de/nachricht/john_demjanjuk_sobibor100.html

33 Vgl. die Beweisführung im Buch des Menschenrechtlers Hendrik Cremer, *Je länger wir schweigen, desto mehr Mut werden wir brauchen. Wie gefährlich die AfD wirklich ist*, Berlin Verlag, Berlin 2024

34 Nele Pollatschek, »Freunde, ist das schmutzig«, *Süddeutsche Zeitung*, 20.11.2023, https://www.sueddeutsche.de/kultur/was-ist-antisemitismus-documenta-warnhinweis-1.6306159

35 Michel Friedman, »Es geht um die Vernichtung des Judentums«, *Süddeutsche Zeitung*, 23.10.2023, https://www.sueddeutsche.de/kultur/michel-friedman-interview-israel-antisemitismus-judentum-deutschland-1.6292222

36 Tomas Avenarius, »Der Kampf gegen Antisemitismus darf kein Vorwand für einen Rechtsruck sein«, *Süddeutsche Zeitung*, 19.11.2023, https://www.sueddeutsche.de/meinung/deutschland-israel-muslime-antisemitismus-juden-kommentar-1.6305820

37 Viktor Klemperer, *LTI. Notizbuch eines Philologen*, Aufbau Verlag, Berlin 1947

Michel Friedman, geboren 1956 in Paris, ist Rechtsanwalt, Philosoph, Publizist und Moderator. Er war stellvertretender Vorsitzender des Zentralrats der Juden in Deutschland, Herausgeber der Wochenzeitung *Jüdische Allgemeine* sowie Präsident des Europäischen Jüdischen Kongresses. Engagement gegen Rechtsradikalismus und für die Integration Geflüchteter.

Seit 2016 ist er Honorarprofessor, bis 2022 leitete er das von ihm mitbegründete Center for Applied European Studies an der Frankfurt University. Er moderiert u. a. die Sendung »Auf ein Wort« bei der Deutschen Welle sowie die Veranstaltungsreihen »Friedman im Gespräch« im Berliner Ensemble und »Denken ohne Geländer« im Jüdischen Museum Frankfurt am Main. 2022 erschien im Berlin Verlag sein hochgelobter Bestseller *Fremd*, gefolgt von *Schlaraffenland ist abgebrannt. Von der Angst vor einer neuen Zeit* (2023).

»Ein Buch, das keiner schnell vergessen wird.«

3sat »Buchzeit«, Gert Scobel

Michel Friedman

Fremd

Berlin Verlag, 176 Seiten
ISBN 978-3-8270-1461-0

»Mit *Fremd* hat Michel Friedman ein überaus mutiges Buch geschrieben. Es ist so persönlich geworden, dass ich nur bewundern kann, wie tief er hier in seine eigene Geschichte – und die seiner Familie – blicken lässt. Und da gerade das Persönlichste in der Kunst oft von allgemeiner, gesellschaftlicher Bedeutung sein kann, bin ich mir sicher, dass viele Leserinnen und Leser von *Fremd* sehr berührt sein werden.«

Oliver Reese, Intendant Berliner Ensemble

Leseproben, E-Books und mehr unter **www.berlinverlag.de**

»Engagiert, klug und berechtigt wütend«

Denis Scheck, ARD »Druckfrisch«

Coveränderungen vorbehalten

Michel Friedman

Schlaraffenland abgebrannt

Von der Angst vor einer neuen Zeit

Berlin Verlag, 224 Seiten
ISBN 978-3-8270-1460-3

Krieg, Klimakrise, Demokratieverdrossenheit: Die Zeit der (Schein-)Sicherheit ist vorbei. Die Wohlfühlgesellschaft, die sich in den letzten 30 Jahren etabliert hat, ist Vergangenheit. Angst, Irrationalität, Abwehr und Bequemlichkeit bestimmen einen Teil unserer Debattenkultur. In seiner augenöffnenden Gesellschaftsanalyse wirbt Friedman für überlegtes und couragiertes Handeln. Ein Aufruf, die akuten und zukünftigen Krisen mit Ernsthaftigkeit anzunehmen und damit Angst und Panik zu überwinden.

Deutschland rechts außen – eine Gefahr für uns alle

Coveränderungen vorbehalten

Hendrik Cremer

Je länger wir schweigen, desto mehr Mut werden wir brauchen

Wie gefährlich die AfD wirklich ist

Berlin Verlag, 240 Seiten
ISBN 978-3-8270-1508-2

»Käme die AfD an die Macht, würde sie die Prinzipien der Menschenrechte und Rechtsstaatlichkeit abschaffen, wonach jede(r) über eigene Rechte verfügt. Niemand in diesem Land würde mehr sicher sein.« Der Menschenrechtler Hendrik Cremer zeigt eine Entwicklung, die angesichts der deutschen Geschichte lange nicht für möglich gehalten wurde. Ein fundiertes Aufklärungsstück, um die Dimension des Angriffs auf die freiheitliche rechtsstaatliche Demokratie zu erkennen und gezielt gegensteuern zu können.

Leseproben, E-Books und mehr unter www.berlinverlag.de